# ESPRIT FOOT

Ce livre a été réalisé en lien avec le département
des partenariats éditoriaux de Flammarion.
www.partenariats@flammarion.fr


www.flammarion-jeunesse.fr

ISBN : 978-2-0802-0719-7
Numéro d'édition : L.01EJDN001955.A003
Dépôt légal : juin 2021
Achevé d'imprimer par Edelvives (Espagne) en septembre 2021

Loi n°49-956 du 16 juillet 1949 sur les publications destinés à la jeunesse

# ESPRIT FOOT

**Willy Richert**
**Illustré par Mauro Mazzari**

Flammarion Jeunesse

# 152 PAGES DE...

## RENCONTRES AVEC DES CLUBS
« SUR LE TERRAIN »

## ANALYSES DE SPÉCIALISTES
« LE MOT DE L'EXPERT »

## INTERVIEWS DE PERSONNALITÉS
« PAROLES DE STAR »

## ET JEUX

SOMMAIRE

## AVEC L'INTERVIEW DE CÉLÉBRITÉS :

Viviane **ASSEYI**
Hugo **LLORIS**
Stéphanie **FRAPPART**
Isabelle **AUTISSIER**
**MATT POKORA**
LÉO **DUBOIS**
Clément **LENGLET**
**AKHENATON**

# ÉDITO

Le football est un sport formidable. Mais il est plus qu'un sport. Dans tous les clubs qui accueillent des jeunes licencié(e)s – la FFF compte 800 000 licencié(e)s entre U6 et U19 –, la dimension éducative est au cœur de la pratique. Nombreuses sont les initiatives prises par les dirigeants bénévoles et les éducateurs, toujours plus inventifs pour inculquer à nos jeunes les valeurs du football mais également les règles de vie en société.

Cet objectif est central à la Fédération. Le « Programme éducatif fédéral » (PEF) est un outil mis à la disposition de tous les clubs pour les aider à faire passer les bons messages à leurs jeunes licencié(e)s autour de 6 thématiques centrales : la santé / l'environnement / l'engagement citoyen / le fair-play / les règles du jeu et l'arbitrage / la culture foot.

Grâce à ce livre, conçu pour être partagé entre les enfants et leurs parents, vous allez constater la force éducative du football. Une multitude d'actions éducatives sont organisées grâce au football dans les clubs, sur l'ensemble du territoire. Ce livre ne les recense pas avec exhaustivité. Ce n'est pas son objectif. Mais il donne à voir l'engagement considérable des bénévoles, présidents, éducateurs, encadrants des 15 000 clubs amateurs de football de France.

À vous, parents, la Fédération française de football veut vous dire à quel point votre rôle et celui des clubs sont complémentaires. Les 400 000 bénévoles au cœur du tissu associatif sont présents, motivés et enthousiastes pour accompagner vos enfants dans une pratique ludique, de loisirs ou de haut niveau, afin qu'ils s'épanouissent dans leur construction personnelle et leur socialisation, dans le respect des valeurs du vivre ensemble.

À vous, jeunes passionné(e)s, la FFF veut vous dire que le football est un moyen merveilleux d'apprendre. Apprendre à jouer au football, mais aussi apprendre à devenir une femme, un homme responsable, à vivre en société, à être ouvert sur le monde et sur les autres.

Les valeurs portées par le football dépassent le cadre strict de la pratique sportive. Les nombreuses personnalités et experts présents dans ce livre en témoignent. La force du football, sport le plus populaire et universel, repose sur chacun d'entre nous qui le pratiquons, l'aimons, et sur les clubs qui sont au cœur du jeu.

***La Fédération française de football***

PARTIE 1

# SANTÉ

Un bon sportif est un sportif en forme. Pour cela, il doit manger sainement et boire de l'eau régulièrement. Tous les champions et les professionnels de la santé te le confirmeront, le sommeil aussi joue un rôle important pour éviter les blessures et se sentir prêt à avaler des kilomètres.

# CHAPITRE 1 – **S'HYDRATER ET S'ALIMENTER POUR BIEN JOUER**

Sur le terrain – Val d'Europe FC

Le mot de l'experte – Marie-Estelle Robillard

# SUR LE TERRAIN

CLUB : **VAL D'EUROPE FOOTBALL CLUB**
LOCALISATION : **SEINE-ET-MARNE, ÎLE-DE-FRANCE**
OBJECTIF : **MIEUX MANGER POUR MIEUX GAGNER**

**Jean-Baptiste Appert, responsable de l'école de football féminine du FC Val d'Europe, cherche un moyen d'améliorer les performances et la confiance des joueuses via l'alimentation. Comment faire ?**

## MANGER PLUS SAIN

Le coach mobilise les parents et découvre qu'une maman est diététicienne et une autre pâtissière. Ils décident alors d'organiser une journée de sensibilisation. Jean-Baptiste imagine ensuite un concours : « Créer son menu idéal de pique-nique à emporter lors des tournois », et adapte des exercices techniques à la thématique nutrition.
Le club a conçu un livret de 20 pages offert à chaque nouvelle joueuse. Il s'ouvre sur un quiz pour évaluer son alimentation et livre plein de recettes faciles imaginées par la maman pâtissière. Zoé, milieu gauche de 14 ans, est devenue fan du livret : « Avant je mangeais des sandwichs avec du pain de mie mais maintenant je les fais au pain complet. J'ai échangé les gâteaux au chocolat pour des fruits. Je me sens vraiment mieux et j'ai vu tout de suite que je courais plus longtemps. »

## À UNE BOUCHÉE DE LA VICTOIRE

L'idée n'est pas de proposer un régime pour maigrir, mais d'être mieux dans sa peau grâce à une alimentation plus saine. Peu à peu, les mini-saucissons et les chips d'après entraînement disparaissent. « Chacune doit se sentir en confiance pour pratiquer le football, conclut Jean-Baptiste. Lors d'un tournoi nous devions jouer juste après le déjeuner, j'ai demandé aux filles de regarder ce que nos adversaires mangeaient, des gros sandwichs avec des frites, et je leur ai prédit que nous serions plus rapides sur le terrain. On a gagné largement. »

**« ÊTRE MIEUX DANS SA PEAU EN MANGEANT SAINEMENT »**

# LE MOT DE L'EXPERTE

NOM : MARIE-ESTELLE ROBILLARD
FONCTION : DIÉTÉTICIENNE AU CENTRE NATIONAL DU FOOTBALL DE CLAIREFONTAINE

## MANGER

La première chose à comprendre est qu'on doit manger seulement si on a faim. Donc, si tu ne pratiques pas d'activité physique dans la journée, le petit déjeuner n'est pas indispensable. Pour le déjeuner, il te faut des protéines et des féculents et des légumes. Tu peux même faire un repas de protéines végétales. L'idéal est de finir le repas par un fruit cru. Pour être en pleine forme avant un entraînement ou un match, le mieux est de manger une collation une heure et demi avant l'effort, et d'éviter les fast-food la veille, le jour et le lendemain de match.

## BOIRE

L'eau est la seule boisson dont tu aies vraiment besoin. Il faut en boire un litre par jour en dehors des activités sportives et un demi-litre par heure d'effort. Il est important de boire avant d'avoir la sensation de soif. Quand on a soif, c'est qu'on est déjà en manque. La déshydratation est la première cause de blessure chez les sportifs. Un joueur professionnel perd quatre litres par match.

# SANTÉ

## CHAPITRE 2 – **CONNAÎTRE LES MÉFAITS DU TABAC**

Sur le terrain – SA Moncoutant

Le mot de l'expert – Emmanuel Orhant

# SUR LE TERRAIN

CLUB : **S.A MONCOUTANT**
LOCALISATION : **DEUX-SÈVRES, NOUVELLE-AQUITAINE**
OBJECTIF : **STOP AUX CIGARETTES**

**En se baladant dans les rues de son village, Joshua Charrier, éducateur au club de foot de Moncoutant, fait un triste constat : il voit souvent des ados de 14 et 15 ans fumer.**

## PRÉVENIR LE RISQUE

« Je me suis dit qu'il fallait en parler aux plus jeunes au sein du club pour les prévenir des dangers du tabac », explique Joshua. Une action est alors menée au cours de l'année. Une quinzaine de U12 et U13 se retrouvent après l'entraînement pour un débat autour de la cigarette. « Nous avons décidé de projeter des images chocs, comparant des poumons de non-fumeurs et de fumeurs, des images des produits que l'on retrouve dans la cigarette comme le goudron, et surtout nous avons écouté l'un des encadrants, ancien fumeur, raconter son dur combat pour arrêter la cigarette. » Le but n'est pas de culpabiliser mais d'ouvrir les consciences aux dangers que fumer peut engendrer, d'autant plus pour des sportifs.

## RESTER À L'ÉCOUTE

Traiter ce sujet grave, mais dans la bonne humeur, avec les adolescents est essentiel. « Il est important, conclut Joshua, que les jeunes s'expriment et posent toutes les questions possibles. C'est bien que le Programme éducatif fédéral nous permette d'aborder ce genre de sujet. Fumer entraîne souvent une dépendance que les jeunes ne soupçonnent pas. Il faut pouvoir en discuter ensemble et répondre à leurs interrogations. »

**« IL EST IMPORTANT QUE LES JEUNES S'EXPRIMENT »**

# LE MOT DE L'EXPERT

NOM : EMMANUEL ORHANT
FONCTION : MÉDECIN DU SPORT, DIRECTEUR MÉDICAL À LA FÉDÉRATION FRANÇAISE DE FOOTBALL

## UNE ADDICTION

Il n'existe pas d'études sur les jeunes fumeurs de ton âge car heureusement c'est exceptionnel. D'autant plus que le tabac est interdit à la vente aux moins de 18 ans. On se met à fumer généralement pour quatre raisons : pour provoquer, parce qu'on est en conflit avec son entourage, pour se donner de l'assurance ou pour faire comme les copains. Il est très difficile de s'arrêter de fumer car une addiction s'installe rapidement, comme pour la drogue et l'alcool. Plus on fume longtemps, plus c'est compliqué d'arrêter. Il faut aussi savoir que le tabagisme est à l'origine de nombreuses maladies graves, dont des cancers ou des problèmes cardiaques.

## PAS POUR LES SPORTIFS

Tôt ou tard, des problèmes de santé touchent les fumeurs, d'autant plus lorsqu'on pratique le foot : tu respires moins bien, ton cœur travaille plus, tu t'essouffles plus rapidement, les muscles et ton cerveau sont moins oxygénés, tu te fatigues donc plus rapidement. Les grands joueurs de foot ne fument plus.

# SANTÉ

## CHAPITRE 3 – **POUR BIEN JOUER JE RESTE EN FORME**

Sur le terrain – FC La Montagne
Paroles de star – Cyril Moine
Le mot de l'expert – François Duforez

# SUR LE TERRAIN

CLUB : **FC LA MONTAGNE**
LOCALISATION : **LOIRE-ATLANTIQUE, PAYS DE LA LOIRE**
OBJECTIF : **MIEUX DORMIR POUR MIEUX PERFORMER**

**Au FC La Montagne, les dirigeants se sont posé une question très simple : comment bien vivre en club, si soi-même on peut se sentir mal dans sa peau, fatigué et parfois peu motivé ?**

## L'IMPACT DU SOMMEIL

Voilà comment est née l'opération « Prendre soin de soi » et son livret pour mieux se nourrir et surtout mieux dormir. Un livret simple et ludique dans lequel les licenciés inscrivent l'heure à laquelle ils se couchent, notent comment ils se sont sentis durant l'entraînement ou les matchs. Ainsi, ils peuvent eux-mêmes tirer les conclusions du manque de sommeil. Si on ne dort pas beaucoup ou en décalé, on est moins bon sur le terrain, les chiffres le prouvent.

## ÊTRE BIEN DANS SA PEAU

Mais l'objectif premier du club est réellement le bien-être des enfants. Grâce au carnet, les jeunes s'expriment plus facilement : « Je n'ai pas beaucoup dormi, je ne sais pas comment je vais jouer ! »

Le fait de parler sans être jugé donne de la confiance aux joueurs et favorise les échanges. Le carnet réservé aux U12 au départ est maintenant proposé aux U14 et U15. Et les résultats alors ? Les U12 sont montés en élite la saison dernière. Coïncidence ? Je ne crois pas...

## « PARLER SANS ÊTRE JUGÉ DONNE DE LA CONFIANCE AUX JOUEURS »

# PAROLES DE STAR

**Comment s'organise l'alimentation du footballeur ?**

**Cyril Moine :** Elle est organisée autour des trois repas principaux de la journée.
Un bon petit déjeuner une heure trente avant l'entraînement du matin, puis un déjeuner le plus rapidement possible après l'entraînement, car on récupère environ 70 % de l'énergie dépensée dans les deux heures qui suivent.
Il faut déjeuner au minimum trois heures avant le début de l'entraînement de l'après-midi car le temps de digestion peut aller jusqu'à quatre heures s'il y a de la viande.
Le dîner se passe dans les mêmes conditions que le déjeuner, mais il doit être plus léger s'il n'y a pas eu d'entraînement l'après-midi.

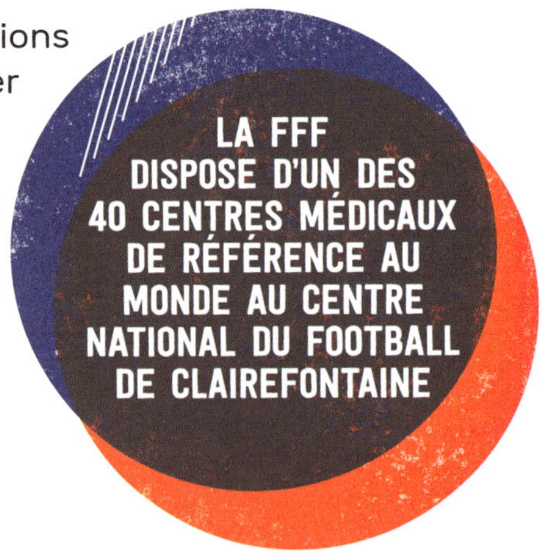

# CYRIL MOINE

Est né en janvier 1972. De 1979 à 1997, il a joué en tant que milieu offensif ou latéral droit dans plusieurs clubs autour de Dijon, à un niveau régional, puis il est devenu préparateur physique au FC Nantes, FC Rennes, à l'OM, au PSG, en Algérie, à Trabzonspor et au Japon. Il a été appelé par Didier Deschamps en 2019 pour être préparateur physique de l'équipe de France.

**Comment cette alimentation évolue-t-elle au fil du temps, de la saison et de l'âge ?**

**Cyril Moine :** Plus jeune, on aime le sucre, les sodas, les viennoiseries, les aliments frits ; des aliments très gras, difficiles à éliminer avec l'âge. Il faut préférer les fruits, légumes et crudités. Après un match ou un entraînement intense, il faut manger des glucides (pain, pâtes, riz) et des protéines (viande blanche ou poisson) avec un peu de laitage pour la flore intestinale, puis prendre un fruit et boire beaucoup d'eau. L'hiver est une période où l'on boit moins pendant les entraînements, Il faut compenser en buvant plus de boissons chaudes.

**Un régime de sportif de haut niveau se prend-il toute l'année ou peut-on se relâcher de temps en temps ?**

**Cyril Moine :** Si on s'autorise un déjeuner avec un peu d'excès pendant la journée de repos, il faut faire une marche digestive de vingt à trente minutes pour éliminer rapidement. En famille et chez les amis, il faut rappeler qu'une alimentation saine est bénéfique à tout le monde car elle participe à une bonne santé et de bonnes défenses immunitaires.

**Et le plaisir dans tout cela ?**

**Cyril Moine :** Si on est plus performant dans les séances de travail et surtout lors des matchs, si on récupère mieux, on joue donc plus souvent et mieux, et on prend naturellement plus de plaisir.

**CONSEILS POUR LES SPORTIFS**

REMPLACER LES SODAS PAR DE L'EAU GAZEUSE, LES PRODUITS FRITS PAR DU RIZ ET DES PÂTES, PRÉFÉRER LA VIANDE BLANCHE À LA VIANDE ROUGE, MANGER DU POISSON RICHE EN OMÉGA-3 (SARDINES, ANCHOIS, MAQUEREAUX), ÉVITER LE PAIN AVEC LES PÂTES ET LE RIZ, ET ENFIN CHOISIR DES YAOURTS ET FROMAGES BLANCS ALLÉGÉS, SANS EN ABUSER. POUR RESTER EN FORME, ESSAYE D'ÉVITER LES GRIGNOTAGES, BOIS PENDANT L'ENTRAÎNEMENT, ET N'UTILISE PAS TON PORTABLE AVANT DE DORMIR !

# LE MOT DE L'EXPERT

NOM : FRANÇOIS DUFOREZ
FONCTION : MÉDECIN DU SOMMEIL ET FONDATEUR DU CENTRE EUROPÉEN DU SOMMEIL

## UNE CHAMBRE AU CALME

Il faut retrouver le plaisir d'une chambre qui ne soit pas une salle de jeux vidéo avec téléphone et ordinateur allumés. Les écrans dégagent une lumière qui retarde ton sommeil et les réseaux sociaux stimulent ton cerveau qui doit lui aussi se reposer. Le mieux est de les laisser à l'extérieur de la chambre. Un peu de lecture et de musique, c'est parfait pour s'endormir. Mets tous les atouts de ton côté : matelas, oreiller, lumière apaisante. C'est l'idéal pour bien dormir et être au top sur le terrain.

## UNE NUIT POUR GRANDIR

La thématique du sommeil est assez nouvelle chez les jeunes sportifs. Les études prouvent que, depuis dix ans, les enfants perdent du temps de sommeil. Tu as besoin de dormir neuf heures par nuit, car c'est là que tu libères des hormones de croissance indispensables à ta santé. Ça permet aussi de récupérer lorsque tu pratiques du sport et surtout cela te répare en cas de blessure.

**Un usage excessif** du téléphone peut entraîner la myopie, des tendinites au pouce et des douleurs au niveau de la nuque.

# JEUX
# ACTIVITÉ

CHAQUE ANNÉE, LA FFF FORME 75 000 JEUNES AUX GESTES QUI SAUVENT

**La FFF forme aux gestes qui sauvent. Voici quelques exemples de gestes de premiers secours. Surtout, ne fais pas ces exercices tout seul, demande à tes parents de s'entraîner avec toi !**

## PRÉVENIR

Il faut d'abord savoir qui appeler en cas de problème. Lorsque tu as les pompiers, le Samu ou la police au téléphone, tu dois préciser ce qui se passe (il y a de la fumée, ou une personne ne bouge plus, ou encore la personne se tient la gorge et n'arrive plus à parler et à respirer…), donner l'adresse (si c'est chez toi et qu'il y a un code pour rentrer dans l'immeuble, n'oublie pas de le dire), et suivre les conseils des personnes que tu appelles.

## QUI APPELER ?

**15** – Samu
**17** – Police
**18** – Pompiers

## SECOURIR

Selon les cas, tu ne dois pas faire les mêmes gestes.
L'un à connaître est la position latérale de sécurité (PLS).
Elle permet à une personne qui a fait un malaise (la personne ne réagit pas mais elle continue à respirer) de ne pas s'étouffer.
Une fois que tu l'as mise en PLS, appelle les secours.

## PLS

> Place le bras de la victime le plus proche de toi à angle droit par rapport à son corps.
> Mets le dos de son autre main contre son oreille et sa joue le plus proche de toi.
> Soulève le genou le moins proche de toi et amène le talon près des fesses.
> Appuie sur le genou pour faire tourner la personne vers toi.

## QUIZ

**Durant l'entraînement, j'ai toujours à portée de main :**
A/ ma gourde d'eau
B/ un soda
C/ une boisson énergisante

**Le match est à 14h aujourd'hui,**
**je peux sortir de table à 13h ?**

☐ Vrai ☐ Faux

## PARTIE 2

# ENGAGEMENT CITOYEN

Tu n'es pas seulement un footballeur, mais aussi un citoyen. Sur le terrain et en dehors, ton comportement doit être exemplaire. Tu dois être un soutien pour tes amis en cas de coup dur et te rendre indispensable à ton équipe, quel que soit ton niveau. Normal, le foot est un sport collectif, non ? À toi de le prouver dans tes actes.

# CHAPITRE 1 – **PROTÉGER LES ENFANTS ET LIBÉRER LA PAROLE**

# SUR LE TERRAIN

CLUB : **IRIS CLUB LAMBERSART**
LOCALISATION : **NORD, HAUTS-DE-FRANCE**
OBJECTIF : **PARLER POUR STOPPER LES AGRESSIONS**

**« C'est une histoire terrible mais il était impossible de ne pas en parler avec nos joueurs. » Voilà comment débute la discussion avec Jean-François Dannely, un homme très en colère.**

## LE CHOC DE L'AGRESSION

Jean-François est le président de l'Iris Club Lambersart, un club de foot basé à Lille. Un club chaleureux et familial mais dans lequel, en 2019, un homme a agressé trois enfants, malgré son exclusion quelques mois auparavant. L'affaire est si grave que la police, après enquête, le met immédiatement en prison. « Le club était sous le choc et nous avons décidé de réunir tous les parents et les enfants pour mettre fin à l'omerta*. Se taire, c'est permettre à d'autres délinquants de continuer à agresser les enfants. »

**« CE N'ÉTAIT PAS POSSIBLE DE SE TAIRE, IL FALLAIT AGIR ! »**

* silence gardé sur un sujet compromettant ou tabou.

## LIBÉRER LA PAROLE

La protection de tous les enfants est une priorité du Programme éducatif fédéral. Une journée de sensibilisation est organisée pour expliquer aux enfants ce que sont le consentement et l'agression sexuelle. La trentaine d'enfants présents posent des questions et la parole se libère. Ce temps d'échange se déroule désormais chaque année. « Il faut que les enfants comprennent que certains adultes sont très méchants malgré les apparences, insiste Jean-François. Le silence est le meilleur allié des agresseurs, il faut briser cette loi dans le sport. C'est le travail des dirigeants, des entraîneurs et de tous les bénévoles. La peur doit changer de camp ! »

# PAROLES DE STAR

**Pourquoi la protection de l'enfance vous tient-elle à cœur ?**

**Corinne Diacre :** On ne se rend pas toujours compte de la portée des mots que l'on prononce. Dans mon enfance, j'ai moi-même été la cible de paroles plus ou moins bien intentionnées, liées aux stéréotypes de l'époque (une fille ne joue pas au foot), à l'éducation et au phénomène de groupe. Mais heureusement j'avais deux atouts : je jouais bien au foot et j'avais du répondant.

**Pourquoi l'entourage est-il si important ?**

**Corinne Diacre :** Dans les moments difficiles où l'on se sent agressé, même verbalement, il est important d'être bien entouré. La famille est le premier repère. Mais parfois, c'est la famille qui est en difficulté. Le club, surtout l'éducateur, devient donc la référence.

## CORINNE DIACRE

Née le 4 août 1974, Corinne Diacre est une footballeuse de l'équipe de France féminine, devenue entraîneure. Elle est la première femme à entraîner une équipe professionnelle masculine, le club de Clermont Foot, avant de devenir sélectionneure de l'équipe de France féminine en 2017.

**Quel rôle peut alors jouer le club ?**

**Corinne Diacre :** Le triptyque famille-école-club est essentiel pour l'épanouissement du jeune. On dit que le football est le troisième lieu éducatif en France. L'enfant doit s'y sentir en sécurité et les parents doivent avoir une confiance totale dans l'encadrement du club et relever ce qui dysfonctionne si c'est le cas. Pour cela, un maître-mot : le dialogue. Il faut libérer la parole du jeune. Il doit pouvoir signaler à ses parents une attitude, des paroles ou des comportements inopportuns. Ce n'est pas facile mais des outils sont développés à la FFF dans ce sens.

**Un mot de conclusion ?**

**Corinne Diacre :** La tolérance zéro est difficile à atteindre, mais si tout le monde joue son rôle, dans l'intérêt de l'enfant, nous limiterons les effets. Le football est un remède à la société, c'est pour cela qu'il faut aider le club à remplir son rôle éducatif et citoyen.

# LE MOT DE L'EXPERTE

NOM : VÉRONIQUE LEBAR
FONCTION : PRÉSIDENTE DE L'ASSOCIATION ÉTHIQUE ET SPORT

Notre association apprend aux enfants à ne jamais laisser un entraîneur toucher ses parties intimes. Si cela arrive, il faut lui demander : « Tu ne l'as pas fait exprès ? », pour lui faire comprendre que tu sais que c'est interdit, et il doit s'excuser. C'est important de ne pas aller dans la maison de ton entraîneur, sauf avec tes parents. Bien sûr, c'est un petit nombre de gens qui peut faire du mal aux enfants, mais il faut savoir que ça existe.

## BRISER LE SILENCE

Tu as peut-être entendu la triste histoire de Sarah Abitbol, la célèbre patineuse artistique, agressée par son entraîneur. Malheureusement, cela existe dans tous les sports. La FFF a pris le problème très au sérieux et nous travaillons avec les clubs et les fédérations pour expliquer que l'omerta doit cesser.

**SI L'UN DE TES COPAINS CHANGE DE COMPORTEMENT, S'IL NE MANGE PLUS, DEVIENT TRÈS MAUVAIS EN CLASSE OU S'ISOLE, CELA N'EST PAS NORMAL. PARLE-LUI ! IL FAUT ÊTRE ATTENTIF À SES AMIS.**

# ENGAGEMENT CITOYEN

## CHAPITRE 2 – **S'INTERDIRE TOUTE FORME DE DISCRIMINATION**

Sur le terrain – Union sportive Limoges Bastide
Paroles de star – Rio Mavuba
Le mot de l'expert – Yoann Lemaire

# SUR LE TERRAIN

CLUB : **UNION SPORTIVE LIMOGES BASTIDE**
LOCALISATION : **HAUTE-VIENNE, NOUVELLE-AQUITAINE**
OBJECTIF : **LE THÉÂTRE POUR ACCEPTER LA DIFFÉRENCE**

**Gilles Edme a mis en place de nombreuses actions au sein du club pour dénoncer les idées reçues.**

## GRAINE D'ACTEURS

Lorsqu'il devient président du club de Limoges Bastide, Gilles organise une journée autour du sport et de la citoyenneté. Le but : trouver une initiative originale pour accrocher la quarantaine de jeunes. Gilles fait alors appel à la compagnie de théâtre Le Trimaran qui propose un spectacle participatif, *Graine de supporter*, autour des discriminations dans le sport. Stéphane en est le créateur : « La première partie du spectacle pose le débat, toujours avec humour, puis des jeunes s'isolent avec nos acteurs pour proposer des scènes autour du racisme, de l'antisémitisme et de l'homophobie. Chaque jeune joue un gentil ou un méchant à tour de rôle et les copains-spectateurs réagissent. C'est plus facile de débattre ! »

## DES ÉVOLUTIONS POSITIVES

Depuis le temps qu'il fait le tour de France des clubs sportifs, Stéphane a pu voir les évolutions : « C'est positif, les mentalités évoluent. »

Le but du Trimaran est dans le titre du spectacle : « On est là pour planter des graines dans la tête des jeunes, mais aussi dans celle des éducateurs qui doivent montrer l'exemple. »

**« C'EST POSITIF, LES MENTALITÉS ÉVOLUENT »**

# PAROLES DE STAR

**En quoi votre parcours explique-t-il votre engagement contre les discriminations ?**
**Rio Mavuba :** D'abord, parce que j'ai vécu ces discriminations en fin de carrière, ensuite par mes origines. Je suis un migrant. Je suis né dans un bateau alors que mes parents fuyaient la guerre d'Angola. Un migrant peut, comme moi, finir par représenter son pays en Coupe du monde.

**Comment lutter contre le racisme dans le foot ?**
**Rio Mavuba :** Il faut aller vers l'autre, échanger, confronter les points de vue et les histoires. Ne jamais faire de généralités sur des populations. Pour ça, il faut connaître les autres et se connaître aussi. Il est important de comprendre que les gens quittent leur pays pauvre ou en guerre, en rêvant d'une vie meilleure pour leurs enfants.

« JE SUIS NÉ DANS UN BATEAU ALORS QUE MES PARENTS FUYAIENT LA GUERRE D'ANGOLA. »

# RIO MAVUBA

Né en 1984, Rio Mavuba est un footballeur international français. Il a été le capitaine du LOSC Lille de 2009 à 2017. Il est ambassadeur auprès de la FFF sur les sujets de discriminations, et fondateur de l'association Les Orphelins de Makala qui donne aux enfants de Kinshasa une chance de s'instruire.

**Le 8 décembre 2020, le PSG et le Basaksehir ont quitté la pelouse à la suite de propos racistes proférés par l'arbitre. Est-ce une bascule ?**

**Rio Mavuba :** Oui, je pense. Les deux équipes ont quitté le stade ensemble et ont été solidaires de la personne discriminée. Les pros ont une responsabilité et un devoir d'exemplarité. Cet incident montre que la sensibilisation dès le plus jeune âge aux questions de discrimination porte ses fruits, que ce soit dans le cadre du Programme éducatif fédéral ou, comme je le fais, auprès des jeunes Bordelais grâce à la création d'un pôle socio-éducatif. La formation est essentielle ! De nombreux comportements doivent disparaître dans les tribunes et sur le terrain.

**Un dernier mot pour les jeunes ?**

**Rio Mavuba :** Il faut refuser que les insultes et le racisme deviennent banals. Il faut avancer ensemble et ne pas laisser les victimes seules.

# LE MOT DE L'EXPERT

NOM : YOANN LEMAIRE

FONCTION : FONDATEUR DE L'ASSOCIATION FOOT ENSEMBLE

J'ai joué plus de 15 ans dans mon club avant de me faire exclure, lorsque j'ai dit aux joueurs que j'aimais les garçons. Du jour au lendemain, une partie de mes amis ne m'a plus parlé. Certaines personnes, surtout dans les petits stades, hors caméras, ont des propos très virulents envers l'homosexualité.

J'ai décidé alors de dénoncer ce rejet présent dans le foot des garçons qui aiment des garçons et des filles qui aiment des filles en créant « Foot ensemble ». Je me rends auprès des jeunes pour parler de ce sujet encore tabou. Heureusement les mentalités évoluent, surtout chez les jeunes. Se faire insulter par des gens qui ont la même passion que toi, c'est terrible. Ça ne va pas changer ta vie si tu as un copain qui aime les garçons ou une amie qui aime une fille, mais si tu l'insultes, tu vas changer la sienne !

**CE QUI FABRIQUE DU RACISME ET DE L'HOMOPHOBIE C'EST L'IGNORANCE VOILÀ POURQUOI IL FAUT EN PARLER.**

# ENGAGEMENT CITOYEN

## CHAPITRE 3 – **DÉCOUVRIR ET ASSUMER LE RÔLE DE CAPITAINE**

Sur le terrain – SA Mérignac

Paroles de star – Hugo Lloris

Le mot de l'expert – Alexandre Le Jeune

# SUR LE TERRAIN

CLUB : SA MÉRIGNAC
LOCALISATION : GIRONDE, NOUVELLE-AQUITAINE
OBJECTIF : LE CONSEIL DES CAPITAINES, SE RÉUNIR POUR AVANCER ENSEMBLE

**Dans le club de foot de Mérignac, les dirigeants ont décidé de créer un « conseil des capitaines ». C'est un peu comme le conseil de classe de ton école ou de ton collège.**

## REPRÉSENTER SON ÉQUIPE

L'idée de réunir les capitaines des équipes de U13 à U19 est partie d'un constat de Jonathan Morlighem : « Nos jeunes ne participent pas assez à la vie du club, surtout aux actions citoyennes, qui sont aussi importantes pour nous que les entraînements et les matchs. Un capitaine, c'est un peu comme un délégué de classe, il représente les copains lors des conseils de classe et défend leurs points de vue. »

## INSERTION ET ÉCOLOGIE

Depuis la rentrée 2020, les capitaines se réunissent une ou deux fois par mois. « Ils donnent leur avis sur l'organisation du club et proposent des projets autour des deux thèmes importants chez nous, l'insertion et l'écologie, explique Jonathan. On organise régulièrement des matchs avec des jeunes qui ont quitté leur pays de naissance sans leurs parents et nous travaillons aussi beaucoup sur les questions de l'environnement. Nous ferions

## « UN CAPITAINE REPRÉSENTE SES COPAINS ET DÉFEND LEURS POINTS DE VUE. »

comment si nous n'avions plus de gazon pour jouer au foot ? » L'idée est donc de donner la parole à tous les joueurs via leur capitaine.

### UN AVIS QUI COMPTE

« Un projet porté par les jeunes eux-mêmes a plus de chance de réussir, ajoute Jonathan. Ils peuvent aussi nous dire comment améliorer la vie du club, nous signaler les ballons un peu vieillots, les douches qui ne marchent pas ou comment améliorer le recyclage. » Les jeunes membres du club de Mérignac sont invités comme des adultes à donner leur avis et à être à l'initiative de projets. Ça donne envie d'être capitaine chez eux, non ?

# PAROLES DE STAR

**Quel est votre premier souvenir en tant que capitaine ?**
**Hugo Lloris :** En moins de quinze ans à Nice, c'est la première fois où j'ai ressenti la responsabilité de la fonction. Le souvenir le plus marquant reste le premier capitanat en équipe de France, en novembre 2010 à Wembley. Capitaine en club, c'est fantastique, mais en équipe de France, c'est encore plus incroyable.

**Comment définiriez-vous le rôle de capitaine et quelles sont ses qualités indispensables ?**
**Hugo Lloris :** Le capitaine doit être fidèle à ses principes et ne doit pas s'inventer une personnalité. Il doit être un leader. Chez les jeunes, c'est encore plus net. Pour les qualités, tout dépend de la personnalité du capitaine. Certains sont des meneurs par leur exemplarité, d'autres par le travail, la performance, d'autres sont avant tout des rassembleurs. Il n'y a pas un profil idéal, mais il ne suffit pas d'être une grande gueule.

**Le fait d'être à la fois gardien de but et capitaine a plus d'avantages ou d'inconvénients ?**
**Hugo Lloris :** Vu son poste, un gardien a très vite le sens des responsabilités ; il est le patron dans sa surface et commande sa défense, c'est un leader. Il doit dégager quelque chose

## HUGO LLORIS

Est né en décembre 1986 à Nice. Il est actuellement capitaine à Tottenham Hotspur. Élu trois fois meilleur gardien de Ligue 1, il détient le record du nombre de capitanats de l'histoire de l'équipe de France.

par sa présence et sa voix. On est assez loin de l'arbitre, malheureusement, et en cas de faute, je ne vais pas traverser le terrain pour aller parler avec lui, mais j'ai des relais. Un entraîneur a besoin de ses leaders et un capitaine a besoin des cadres, en général il faut un relais par ligne.

**Avez-vous un modèle de capitaine dans le foot qui vous a inspiré ?**

**Hugo Lloris :** Je n'ai jamais cherché à être capitaine, je regardais davantage les gardiens. Je retrouve chez Didier Deschamps l'âme du leader. On sent que chez lui, c'est naturel. Il est né comme ça. Il inspire le respect.

**Des conseils pour devenir un bon capitaine ?**

**Hugo Lloris :** Être fidèle à ses principes, être à l'écoute, être un leader de travail et le reste suivra. Lors des moments de doute, il faut toujours garder confiance en soi et en ceux qui nous entourent. Il faut être concentré sur soi-même, l'influence sur les autres vient après. Chez les jeunes, le capitanat ne doit pas empêcher de s'amuser avec ses copains.

# LE MOT DE L'EXPERT

NOM : ALEXANDRE LE JEUNE

FONCTION : PSYCHOLOGUE DU SPORT AU CENTRE NATIONAL DU FOOTBALL DE CLAIREFONTAINE

**IL NE FAUT PAS CONFONDRE « CHEF » ET « CAPITAINE » : UN CHEF IMPOSE, ALORS QU'UN CAPITAINE ENCOURAGE ET ACCOMPAGNE VERS UN OBJECTIF.**

## PATIENCE ET PERSÉVÉRANCE

J'accompagne les jeunes d'un très bon niveau sportif en leur apprenant à gérer le stress, les émotions et à développer leur confiance en soi. Le capitaine représente les coéquipiers et défend les valeurs de l'équipe. Il joue un rôle central d'écoute et de relais entre l'entraîneur et ses copains. Il doit montrer l'exemple, pas forcément en étant le meilleur, mais celui qui ne baisse jamais les bras. Être capitaine, ça demande des qualités : être déterminé et patient avec ses coéquipiers, encourager plutôt que critiquer pour les aider à progresser.

## L'ÉQUIPE AVANT LE TITRE

Si tu veux devenir capitaine, tu peux le demander à ton entraîneur, mais il faut savoir aussi écouter les arguments qu'il te donne si sa réponse est négative. Peut-être est-il trop tôt ? Finalement, ce n'est pas seulement au capitaine d'être le leader. Sur le terrain, sans porter de brassard, d'autres peuvent l'aider : vous avez tous un rôle à jouer !

# ENGAGEMENT CITOYEN

## CHAPITRE 4 – **BIEN UTILISER LE NUMÉRIQUE**

Sur le terrain – FC Bassin d'Arcachon
Paroles de star – Clément Lenglet
Le mot de l'experte – Gaëlle Le Vu

# SUR LE TERRAIN

**CLUB : FC BASSIN D'ARCACHON**
**LOCALISATION : GIRONDE, NOUVELLE-AQUITAINE**
**OBJECTIF : ÉDUQUER À L'UTILISATION DU NUMÉRIQUE**

**« Le numérique est partout et peut être dangereux pour les jeunes. » C'est ainsi que s'exprime Yoann Roudaut, référent du PEF (Programme éducatif fédéral) dans le club du FC Bassin d'Arcachon, lorsqu'il explique aux parents la séance que suivent les jeunes U13 du club.**

## LE SMARTPHONE OMNIPRÉSENT

Après avoir pris connaissance de la fiche PEF « Éducation au numérique », Yoann n'a pas hésité à s'impliquer : « On se rend compte que même dans le cadre du football, le téléphone est toujours là, et la présence de nos jeunes sur Snapchat, Instagram, Twitter ou Tik Tok peut être dangereuse car certains ne se rendent pas compte qu'ils échangent des informations importantes avec des inconnus. Alors nous essayons au sein du club de sensibiliser les jeunes à la bonne utilisation des réseaux sociaux. »

## COMPRENDRE LES RÉSEAUX

Identité numérique, informations sensibles sont autant de notions évoquées avec les jeunes lors de cette séance spéciale sous forme de jeu. Yoann Roudaut en explique le fonctionnement : « L'éducateur essaie par le questionnement et le jeu de faire réfléchir les jeunes à comment bien se comporter sur Internet en général. Grâce

à ces temps d'échange, on espère que les jeunes feront attention à tout ce qu'ils disent sur les réseaux sociaux. »

## UN PROJET ÉDUCATIF

Yves Jablonsky, le président du club, approuve cette attention portée à l'utilisation des réseaux sociaux : « Sur cette thématique du numérique comme sur toutes les thématiques abordées dans le PEF, notre club doit essayer de faire passer les bons messages à nos jeunes licenciés. C'est en tout cas l'ambition de notre projet éducatif. »

« C'est vrai que parfois on dit des trucs en story sur Instagram sans vraiment savoir qui les écoute », reconnaît Adrien, jeune licencié du club.

**« MÊME DANS LE FOOT, LE TÉLÉPHONE EST TOUJOURS LÀ »**

# PAROLES DE STAR

**De quelle manière êtes-vous présent sur les réseaux sociaux ?**

**Clément Lenglet :** Je suis actif, sans être accro. Je poste de temps en temps mais surtout des contenus sur le sport, sur le football et quelques-uns sur ma vie perso, même si je n'aime pas trop me dévoiler à ce niveau-là. Les réseaux sociaux sont importants car ils permettent de garder un lien avec les fans du FC Barcelone et ceux de l'équipe de France.

LA FFF A LANCÉ DES ATELIERS D'ÉDUCATION AU NUMÉRIQUE POUR AIDER LES JEUNES À FAIRE LA DIFFÉRENCE ENTRE VIRTUEL ET RÉEL SUR INTERNET.

# CLÉMENT LENGLET

Né en juin 1995 à Beauvais, Clément Lenglet est défenseur central au FC Barcelone. Il rejoint l'équipe de France en 2019, et il est membre du Team Orange Foot.

**Avec plusieurs millions de followers, comment gérez-vous ces moyens de communication ?**
**Clément Lenglet :** C'est super important de bien les gérer parce que le message que l'on diffuse est relayé et vu par beaucoup de monde. On doit être attentif à notre communication, aux mots que l'on utilise, aux images que l'on poste pour ne pas être dans l'ambiguïté ou tout simplement pour ne pas être dans des polémiques que l'on n'a pas voulues. C'est quelque chose de très positif si on le gère bien, mais ça peut aussi être très négatif si on fait des erreurs de communication.

**Quel message souhaiteriez-vous faire passer aux jeunes sur leur utilisation des outils numériques, et particulièrement les réseaux sociaux ?**

**Clément Lenglet :** Être inventif et faire des choses que les gens aiment voir, créer un vrai lien avec sa communauté, tout en étant très attentif à sa manière de parler, à ses expressions, à ses posts pour ne pas tomber dans des pièges ou ne pas se mettre dans des pièges tout seul. Après, c'est un outil très utilisé par les jeunes et qui le sera forcément de plus en plus dans les années à venir. C'est quelque chose qui permet de délivrer des messages positifs et de donner de l'espoir aux gens, donc c'est très important de bien les utiliser. Une dernière chose, le téléphone, c'est bien, mais le mieux, c'est quand même d'aller taper le ballon avec les copains !

POUR CRÉER UN POST, IL FAUT LAISSER JOUER SON IMAGINATION

# LE MOT DE L'EXPERTE

NOM : GAËLLE LE VU

FONCTION : DIRECTRICE DE LA RESPONSABILITÉ SOCIALE D'ENTREPRISE ORANGE FRANCE

## LES RÉSEAUX SOCIAUX

Le smartphone, Internet, les réseaux sociaux, c'est formidable si on sait se prémunir des risques ! Vous êtes de plus en plus nombreux et de plus en plus jeunes sur les réseaux sociaux. On sait que 59 % des 9-16 ans ont un profil sur un réseau social. C'est le cas de 26 % des 9-10 ans et de 81 % des 15-16 ans. Ce profil est « public », donc ouvert à tout le monde, dans 26 % des cas.

## LE CYBERHARCÈLEMENT

Sais-tu qu'un adolescent sur dix déclare avoir été déjà victime de cyberharcèlement ? T'aider à avoir les bons usages et les bons réflexes en cas de problèmes est de notre responsabilité à tous. Par exemple, tu peux te protéger sur certains réseaux sociaux avec des applis gratuites qui suppriment les commentaires méchants qui pourraient te blesser ou blesser tes proches. Il faut aussi contrôler au maximum les informations que tu donnes sur toi à des personnes que tu ne connais peut-être pas assez. Si tu es victime ou témoin de harcèlement en ligne, il faut en parler. N'oublie pas que le plus important est de parler avec des gens qui pourront t'aider, donc tes parents, tes profs ou ton entraîneur.

**SI TU TE SENS VICTIME DU CYBERHARCÈLEMENT, PARLES-EN AUTOUR DE TOI, FAIS-TOI AIDER.**

# JEUX

**Le foot est un sport collectif. Il faut penser équipe avant de penser individuel. Gagner c'est bien, mais en prenant en même temps soin de ces copains, c'est encore mieux.**

## QUIZ

**Un copain subit des violences dans ton club, que fais-tu ?**

A / Rien, j'ai déjà mes soucis à gérer.
B / Je lui dis d'apprendre à se battre.
C / J'en parle à l'encadrement pour résoudre le problème.

**« Je suis le capitaine de l'équipe, donc c'est moi le chef ! »**

☐ Vrai ☐ Faux

EN 2019, LA FFF A MIS À DISPOSITION DE TOUS LES CLUBS UNE AFFICHE POUR PRÉVENIR LES MAUVAIS COMPORTEMENTS ET LIBÉRER LA PAROLE.

# ACTIVITÉ

Tu es un vrai fan de foot ? C'est le moment de mesurer tes connaissances à celles de ta famille et de tes amis sur le foot et les célèbres capitaines.
Crée un jeu spécial capitaines !

1. Sur des papiers, chaque joueur écrit le nom de capitaines célèbres.
2. Chaque personne devra tirer un papier et aura 45 secondes pour faire deviner à son équipe le plus de papiers, en trois parties.
3. 1re partie : chaque joueur doit donner des indices à son équipe pour qu'il trouve le capitaine en question.
4. 2e partie : chaque joueur a le droit de dire un mot pour faire deviner le nom inscrit sur le papier.
5. 3e partie : chaque joueur doit faire un mime pour que son équipe trouve le nom du capitaine.
6. L'équipe qui a le plus de papiers au bout des trois parties gagne !

PARTIE 3

# RÈGLE DU JEU ARBITRAGE

Un bon sportif doit connaître les règles de son sport et respecter celui qui permet que le jeu se déroule sans injustice : l'arbitre. Sans arbitre, pas de match. Apprendre les règles, c'est se donner plus de chance d'être un bon joueur. Devenir arbitre te permet d'acquérir des valeurs et des compétences qui te serviront tout au long de ta vie.

# CHAPITRE 1 – **TENIR LE RÔLE D'ARBITRE CENTRAL ET D'ASSISTANT**

Sur le terrain – AF Garenne-Colombes
Paroles de star – Stéphanie Frappart
Le mot de l'expert – Benoît Bastien

# SUR LE TERRAIN

CLUB : **AF GARENNE-COLOMBES**
LOCALISATION : **HAUTS-DE-SEINE, ÎLE-DE-FRANCE**
OBJECTIF : **ARBITRER POUR MIEUX JOUER**

**« Avant, je contestais tout le temps les décisions de l'arbitre mais maintenant que j'ai compris la difficulté d'arbitrer, je ne dis plus rien », raconte Sélim, milieu offensif, 14 ans.**

## LA PROGRESSION PAR LES ÉTOILES

Le club de La Garenne-Colombes a mis au point une pédagogie originale appelée « Les étoiles du foot ». « Dans beaucoup de sports, il existe un système de niveau à atteindre, comme les ceintures de couleur au judo. Cela manquait dans le foot. Nous avons donc créé un livret avec des objectifs à remplir dans cinq catégories différentes : règles de vie, tactique, technique, vie du footballeur et règles du jeu. À chaque compétence acquise, on attribue une étoile que l'on floque sur le maillot. » explique Mathieu Pasquier, le directeur technique adjoint, aidé par Alain Magrin dans le développement du projet.

**« DEPUIS LA CRÉATION DE CES ÉTOILES DU FOOT, LES ENFANTS SONT PLUS MOTIVÉS »**

## FUTUR ARBITRE ?

Et voilà comment Sélim, pour décrocher son étoile dans la catégorie « Règles de jeu », s'est transformé en arbitre de touche puis principal le temps de quelques matchs. « Cela permet vraiment de bien comprendre les règles. Il faut du caractère, assumer ses choix, ne pas être trop sensible et savoir parler aux joueurs. J'ai même sifflé un penalty contre mon club car il y avait contact dans la surface de réparation. J'ai suivi le règlement. »

# PAROLES DE STAR

## STÉPHANIE FRAPPART

Est née en 1983 dans le Val-d'Oise. Élue meilleure arbitre du monde, elle a été la première femme à arbitrer un match masculin de Ligue 1, puis, en 2020, en Ligue des champions masculine. Elle a également arbitré la finale de la Coupe du monde de football féminine en 2019.

**Quelles sont les qualités pour être un bon arbitre ?**

**Stéphanie Frappart :** Il faut dégager de la confiance et de la sérénité, rassurer les joueurs et dialoguer avec eux pour qu'ils comprennent les décisions. En entrant sur le terrain, je sais que je vais me tromper. Il faut en être conscient, et faire le moins d'erreurs possible.

**Est-ce plus compliqué de se faire respecter quand on est une femme dans un match d'hommes ?**

**Stéphanie Frappart :** Il y a moins de violence et de paroles déplacées avec une femme arbitre qu'avec un homme. La pression était plutôt avant et après le match, avec le fort impact médiatique. Durant le match, j'étais sereine. Même si je savais que je défendais l'arbitrage féminin, j'ai réussi à faire abstraction de ce stress.

### Les joueurs connaissent-ils vraiment toutes les règles ?

**Stéphanie Frappart :** Non, et c'est un vrai problème. Il faut apprendre les règles très jeunes et la meilleure façon pour ça, c'est d'arbitrer. Les éducateurs doivent aussi apprendre aux enfants à perdre et pas seulement à gagner.

### Que dire à des jeunes qui veulent se lancer dans l'arbitrage ?

**Stéphanie Frappart :** L'arbitre n'est pas le policier qui est là seulement pour faire respecter les lois du jeu. Il est avant tout un sportif. L'arbitrage, c'est l'école de la vie, on va apprendre à s'émanciper, prendre des décisions et vivre une passion à haut niveau. On peut jouer au foot tout en s'essayant à l'arbitrage.

# LE MOT DE L'EXPERT

NOM : BENOÎT BASTIEN

FONCTION : ARBITRE INTERNATIONAL FRANÇAIS ET CONSEILLER TECHNIQUE RÉGIONAL EN ARBITRAGE (GRAND-EST)

SI TU VEUX T'ESSAYER À L'ARBITRAGE, FAIS-LE SUR UNE PÉRIODE PLUTÔT LONGUE ET NE BAISSE PAS LES BRAS AUX PREMIÈRES DIFFICULTÉS.

## UNE ÉCOLE DE VIE

Je suis arbitre depuis vingt ans. Au début c'était pour dépanner mon club, puis ça m'a plu. On prend davantage de responsabilités année après année puisqu'on est noté pour passer à la division supérieure. Lorsque je suis arrivé en L1 à 28 ans, j'étais le plus jeune de l'époque. Ce que l'on apprend sur le terrain en tant qu'arbitre sert dans la vie : le sens des responsabilités, le dépassement de soi, la confiance, la persévérance et la maîtrise de soi.

## ARBITRE CENTRAL ET ARBITRE ASSISTANT

J'ai été arbitre central et assistant et les fonctions sont différentes. Être assistant demande une concentration extrême et une grande précision, surtout pour les hors-jeux. L'assistant est au service de l'arbitre central, qui est libre ou pas de suivre ses décisions. L'arbitre central doit avoir les yeux partout pour bien juger un match, d'où le rôle si important des assistants qui peuvent lui indiquer ce qu'il n'a pas vu.

# RÈGLES DU JEU ET ARBITRAGE

## CHAPITRE 2 – **RESPECTER ET COMPRENDRE LES DÉCISIONS DE L'ARBITRE**

# SUR LE TERRAIN

CLUB : **FC LATOUR BAS ELNE**
LOCALISATION : **PYRÉNÉES-ORIENTALES, OCCITANIE**
OBJECTIF : **UN TOURNOI POUR APPRENDRE**

**En seulement cinq ans, Lorenzo Rubio a atteint ses objectifs : mettre l'éducation au cœur du projet sportif des Phoenix du FC Latour Bas Elne.**

## COMME À L'ÉCOLE

Ici, chaque licencié possède son bulletin de suivi éducatif où sont évalués l'assiduité et les progrès. Il contient aussi des conseils pour s'améliorer. Les 10-11 ans bénéficient d'un accompagnement scolaire et d'une aide aux devoirs dans les vestiaires avant l'entraînement. Le FC Latour Bas Elne est devenu « Club lieu de vie » et « Club pilote » du Fondaction du football.

## UN TOURNOI INTERNATIONAL

Le club organise chaque année un tournoi de foot international où la règle du hors-jeu n'existe pas. « Le jeu est plus fluide et les joueurs ne discutent pas les décisions. Nous avons formé nos joueurs à l'arbitrage et mis en place un biathlon technique de l'arbitrage pour sensibiliser les plus jeunes », explique le président. Diego, 13 ans, s'en souvient très bien : « Nous avions des ateliers jonglage, conduite de balle ou tirs, et ensuite notre éducateur nous posait des questions sur les

règles du foot. Mon copain Mohamed et moi devions nous concerter pour donner les bonnes réponses. On a fini premiers ! »
Pas de récompense car ce n'est pas une compétition, mais Diego a maintenant « le sentiment de mieux comprendre le rôle d'arbitre ». Apparemment cela lui a plu puisque le jeune milieu droit arbitre de temps en temps des matchs de futsal lors des rencontres UNSS. Le mot le plus important dans le foot pour Diego, c'est le respect : « Respect des coéquipiers, des adversaires et de l'arbitre ! »

**« LE PLUS IMPORTANT DANS LE FOOT, C'EST LE RESPECT »**

# PAROLES DE STAR

**À vos débuts professionnels, comment perceviez-vous l'arbitre ?**

**Léo Dubois :** J'ai toujours perçu l'arbitre comme un acteur du jeu, dont le rôle consiste à faire respecter des règles, ce qui n'est pas toujours évident. Aujourd'hui je m'entends bien avec eux en général. Je sais qu'ils font de leur mieux. Pour protéger davantage les arbitres, je pense qu'il faudrait que les règles soient plus claires. La faute de main par exemple : elle est sujette à de multiples interprétations au moment de siffler. Dans l'idéal, il faudrait qu'il y ait une règle simple à respecter.

**Certains clubs amateurs poussent les joueurs à arbitrer pour mieux comprendre ce rôle, qu'en pensez-vous ?**

**Léo Dubois :** C'est formateur, cela permet de se rendre compte de la difficulté de la tâche. Oui, il faut pousser les jeunes à prendre le sifflet. Maintenant, la principale protection des arbitres viendra de règles plus claires et mieux comprises par tous

LA MISSION D'ARBITRER EST TOUT SAUF SIMPLE. IL FAUT AVOIR UNE PERSONNALITÉ, S'IMPOSER…

## LÉO DUBOIS

Né en 1994, Léo Dubois est un footballeur international. Il est actuellement arrière latéral à l'Olympique lyonnais.



et qui éviteront à l'arbitre un champ d'interprétation trop large. Avant chaque début de saison, un arbitre vient nous présenter les aménagements réglementaires des lois du jeu. C'est le seul moment, finalement, où l'on se remet un peu à la page.

**Des conseils pour les jeunes défenseurs quant à leur comportement sur le terrain et leur rapport à l'arbitrage ?**

**Léo Dubois :** Se concentrer sur leur principale mission, le boulot défensif. À eux d'être intelligents dans leur placement, dans les duels, pour se mettre le moins en danger possible, et de privilégier l'anticipation à la réaction. Plus on monte en niveau et plus il est dangereux de prendre un carton tôt dans un match. Cela réduit considérablement la marge d'erreur pour la suite de la rencontre. Si on en prend un, il faut vite passer à autre chose et rester concentré sur son match. Quand la décision est prise, on ne revient pas dessus.

# PAROLES DE STAR

**À vos débuts professionnels, comment perceviez-vous l'arbitre ?**

**Wissam Ben Yedder :** L'arbitre représente le directeur de jeu, on m'a appris à toujours respecter ses décisions. Même si cela a pu être difficile par moments, il faut se rappeler que c'est lui qui aura le dernier mot au cours du match. Avec le temps, les rapports ont évolué car un arbitre ne prend pas les mêmes décisions pour un joueur débutant que pour un joueur confirmé, qui a davantage d'expérience et qui sait donc mieux comment le jeu se passe sur le terrain.

**Trouvez-vous que les arbitres expliquent clairement leurs décisions aux joueurs ?**

**Wissam Ben Yedder :** Pour moi, les explications sont toujours très claires. Cependant, j'aimerais que les arbitres portent un micro. Cela permettrait à tout le monde de mieux comprendre les raisons qui les mènent à siffler une faute.

# WISSAM BEN YEDDER

Est né en août 1990 à Sarcelles. Il évolue au poste d'attaquant à l'AS Monaco. De 2008 à 2010, il entre dans l'équipe de France de futsal. Depuis 2018, Wissam Ben Yedder est régulièrement sélectionné en équipe de France de football.

**Quelques clubs amateurs poussent les joueurs de champ à s'essayer à l'arbitrage pour mieux comprendre le rôle des arbitres. Qu'en pensez-vous ?**

**Wissam Ben Yedder :** C'est une bonne initiative, on dit toujours qu'il faut se mettre à la place des gens pour essayer de comprendre leur point de vue. Cela fait sens.

**Certains arbitres disent que la nouvelle génération de joueurs est plus respectueuse envers le corps arbitral. Comment l'expliquez-vous ?**

**Wissam Ben Yedder :** Les jeunes ont été plus sensibilisés au respect de l'arbitrage et peut-être aussi comprennent-ils que les arbitres prennent une place plus grande qu'avant dans le déroulé de la partie, ce qui est normal car ils sont sur le même terrain que les 22 joueurs.

# LE MOT DE L'EXPERT

NOM : RUDDY BUQUET
FONCTION : ARBITRE INTERNATIONAL FRANÇAIS ET DIRECTEUR RÉGIONAL DE L'ARBITRAGE (HAUTS-DE-FRANCE)

AU FOOTBALL, LE LANGAGE DU CORPS DES ARBITRES EST INTERNATIONAL.

## MOT-CLÉ : ANTICIPATION

Mon père était arbitre et j'ai toujours baigné dans la culture foot. J'ai débuté ma carrière à 17 ans mais on peut commencer à arbitrer dès 13 ans. L'anticipation est la clé de l'arbitrage : si on anticipe en étant bien placé, on prend les bonnes décisions. Il faut dialoguer avec les joueurs, mais ne pas expliquer chacune de ses interventions. Je suis le maître du jeu, je suis là pour que le beau jeu se développe et pour protéger physiquement les joueurs.

## LE CAPITAINE COMME RELAIS

Je peux toutefois apporter des précisions sur ma décision, surtout au capitaine qui est un relais entre ses joueurs et moi. En général les relations avec les joueurs sont très bonnes, surtout si le capitaine joue son rôle. Une bonne communication permet au jeu d'être fluide, donc plus agréable à regarder, d'avoir moins de contestations sur le terrain et ainsi moins d'insultes dans les tribunes. L'ambiance du terrain rejaillit dans les tribunes.

# RÈGLES DU JEU ET ARBITRAGE

## CHAPITRE 3 – CONNAÎTRE LES RÈGLES ESSENTIELLES DU JEU

Sur le terrain – Étoile Mouzillonnaise Football
Paroles de star – Robert Pirès
Paroles de star - Franck Raviot
Le mot de l'expert – Charly Monnier

# SUR LE TERRAIN

CLUB : **ÉTOILE MOUZILLONNAISE FOOTBALL**
LOCALISATION : **LOIRE-ATLANTIQUE, PAYS DE LA LOIRE**
OBJECTIF : **MAÎTRISER LES RÈGLES POUR JOUER**

**Ce n'est pas seulement à Liverpool que l'on porte fièrement un maillot rouge. Ici aussi, au club de l'Étoile mouzillonnaise, le rouge est à l'honneur.**

## APPRENDRE EN JOUANT

Paulo Pires Seixas, l'un des dirigeants, explique que chaque club devant fournir un certain nombre d'arbitres, ils ont créé « Passage », un programme permettant aux jeunes joueurs de mieux connaître les règles du jeu. Pour le rendre plus attractif, les directeurs du club ont eu une idée : permettre aux joueuses et aux joueurs de regarder les vidéos de matchs en faisant des arrêts sur image. À la fin, chacun doit répondre à des questions. « À chaque quiz correspond un niveau débutant, confirmé ou expert. » Les volontaires les plus à l'aise dans cette école de foot innovante et ludique seront encouragés à arbitrer des matchs, et qui sait, à devenir arbitres eux-mêmes.

## LES RÈGLES À CONNAÎTRE

« Il y en a 17 au total, qui sont très claires. Mais ce qui est compliqué, c'est l'interprétation de la loi et tout ce qui concerne le hors-terrain, explique Paulo. Par exemple, quand doit-

on arrêter un match pour cause de mauvais temps ? » Clément, défenseur de 12 ans, est convaincu : « C'est super bien fait ! Tu as une action de foot en vidéo, l'image s'arrête, et on te pose une question sur la position des joueurs par exemple ou celle de l'arbitre. Ça m'a appris plein de choses en tant que joueur. » Solène, 17 ans, approuve : « Après avoir arbitré, j'ai mieux compris la position du hors-jeu. »

**« ÇA M'A APPRIS PLEIN DE CHOSES EN TANT QUE JOUEUR »**

# PAROLES DE STAR

**À quel moment vous êtes-vous rendu compte que le foot ne se limitait pas à envoyer le ballon dans les cages mais que de nombreuses règles existaient ?**

**Robert Pirès :** Dès l'école de football, à l'âge de 7 ans, dans le club de l'ES Sainte-Anne à Reims. Les éducateurs de l'époque nous enseignaient les règles de bases et nous mettaient dans les meilleures conditions pour qu'on puisse s'épanouir en connaissant les règles essentielles.

**Pourquoi et comment devient-on un meilleur joueur ?**

**Robert Pirès :** Au football et ailleurs, connaître les règles du jeu est essentiel pour savoir ce que l'on peut ou ne peut pas faire et comment agir. Sur le terrain, cela permet d'anticiper et d'avoir un temps d'avance sur ses adversaires.

## ROBERT PIRÈS

Est né en octobre 1973 à Reims. Il évolue en tant que milieu offensif entre les années 1990 et 2010, d'abord au FC Metz, puis avec Arsenal FC. Il remporte avec l'équipe de France la Coupe du monde 1998, le Championnat d'Europe 2000, puis la Coupe des Confédérations 2001 et 2003. Il commente désormais les matchs de l'équipe de France sur M6.

**La formation des joueurs est-elle complète à ce sujet selon vous ?**

**Robert Pirès :** De plus en plus. Aujourd'hui, les clubs sont mieux outillés pour accompagner les jeunes et les sensibiliser aux règles grâce aux vidéos. De même, le Programme éducatif fédéral de la FFF est un excellent outil pour donner le goût aux jeunes d'apprendre les règles de base.

**Le gardien des règles, c'est l'arbitre. Quel regard portez-vous sur lui ?**

**Robert Pirès :** Sans arbitre, il n'y a pas de football. Il est le gardien des règles et donne le tempo au jeu. Sur tous les terrains, amateurs et professionnels, l'arbitre doit être respecté. Tout au long de ma carrière, j'ai entretenu de bonnes relations avec les arbitres, en ayant un comportement exemplaire sur le terrain. En plus de 700 matchs professionnels, je n'ai reçu que deux cartons rouges !

# PAROLES DE STAR

# FRANCK RAVIOT

Franck Raviot est né le 12 juillet 1973 à Saint-Rémy, en Bourgogne. D'abord gardien de but professionnel, il a ensuite intégré le staff de l'équipe de France A. Il s'occupe également des gardiens en formation à l'INF Clairefontaine.

**Qui vous a enseigné les règles du jeu ?**

**Franck Raviot :** Mes éducateurs. Ils ont été le fil conducteur de ma carrière. Un éducateur ne doit pas être l'ennemi, mais l'allié de l'arbitre. Tous les acteurs du jeu doivent être associés pour que le jeu soit le meilleur possible.

**Enseignez-vous les règles du jeu aux jeunes gardiens but en formation à Clairefontaine ?**

**Franck Raviot :** Cela fait partie de leur cursus de savoir ce qu'ils peuvent faire et ne pas faire, dans le cadre de la pratique de leur poste. Il est important de leur apprendre à avoir des rapports respectueux avec les arbitres.

**Quelle règle importante a marqué l'évolution des gardiens ?**

**Franck Raviot :** En 1992, il devient interdit de se saisir à la main d'une passe au pied d'un de ses coéquipiers. Le gardien n'est alors plus seulement un joueur de mains mais également un joueur de pieds, et devient un joueur à part entière.

**Quelle règle aimeriez-vous changer ?**

**Franck Raviot :** Celle qui oblige le gardien à ne pas bouger avant l'exécution d'un penalty. Un gardien, c'est un joueur qui peut difficilement être figé. Il a besoin d'une liberté de mouvement. Là, on l'emprisonne dans une posture trop contraignante.

# LE MOT DE L'EXPERT

NOM : CHARLY MONNIER

FONCTION : ANCIEN ARBITRE DE LA FÉDÉRATION ET DE LA FIFA, PRÉSIDENT DE LA COMMISSION FÉDÉRALE DES LOIS DU JEU

## LES LOIS DU JEU

Je me charge d'annoncer les nouvelles règles du jeu, dictées en début de saison par l'IFAB - un conseil international qui travaille sur les lois du football -, et de les faire connaître aux pratiquants des clubs français. Tous les trois ans, une trentaine de nouvelles dispositions sont prises dans les 17 règles que compte le football. Elles vont toutes dans le même sens : améliorer l'état d'esprit des acteurs et fluidifier le jeu.

## LES MÊMES RÈGLES POUR TOUS

En connaissant bien les règles, les joueurs vont moins contester les décisions de l'arbitre et le jeu gagnera ainsi en fluidité. Bien entendu, une fois les nouvelles règles adoptées, elles sont applicables de façon universelle par tous les membres de la Fédération internationale de football association (FIFA). On doit jouer au foot avec les mêmes règles au Cameroun, au Brésil ou en France !

**UNE RÈGLE POUR QUE LE JEU GAGNE EN VITESSE : UN GARDIEN NE PEUT PAS PRENDRE LE BALLON À LA MAIN SI UN DE SES COÉQUIPIERS VIENT DE LE LUI PASSER.**

# LES GESTES POUR DEVENIR UN BON ARBITRE

**Quand tu es sur le terrain, il faut que tu comprennes les gestes que l'arbitre fait pour réagir rapidement. Reproduis-les chez toi avec ta famille pour les reconnaître facilement lors de ton prochain match !**

## 1 LE COUP FRANC DIRECT

Du bras, l'arbitre indique la direction du camp sanctionné.

## 2 LE COUP FRANC INDIRECT

L'arbitre met son bras à la verticale.

## LE COUP DE PIED DE BUT

L'arbitre central 3 et son assistant 4 désignent conjointement la surface de but.

## LA RENTRÉE DE TOUCHE

L'arbitre, par son bras 5, et son assistant, par son drapeau 6, indiquent le sens d'attaque de l'équipe qui en bénéficie.

7

8

## LE COUP DE PIED DE COIN

L'arbitre montre la direction du piquet de coin 7, son assistant fait de même avec son drapeau 8.

## LE HORS-JEU

L'assistant signale une position de hors-jeu par le drapeau levé à la verticale 9. L'arbitre central siffle alors un coup franc indirect 2. L'assistant varie l'inclinaison de son bras pour désigner l'endroit où se trouve le joueur sanctionné de hors-jeu : de l'autre côté du terrain 10, au milieu du terrain 11 ou de son côté du terrain 12.

9

10

11

12

13

## LE PENALTY

L'arbitre indique le point du penalty par son bras tendu 13.

14

## L'AVANTAGE

Les deux bras levés vers l'avant, l'arbitre 14 indique que le jeu se poursuit dans une situation d'avantage.

## LE REMPLACEMENT

L'assistant maintient son drapeau à l'horizontale entre ses deux bras levés 15.

15

PARTIE 4

# ENVIRONNEMENT

Notre planète est fragile, il faut en prendre soin. Comment ? En se déplaçant de manière responsable au stade, en évitant de gaspiller l'eau, en triant ses déchets et en s'occupant de son stade. Sans nature préservée, nos terrains de foot auraient triste allure. Alors, on fait quelque chose ?

# CHAPITRE 1 – **UTILISER DES TRANSPORTS ÉCORESPONSABLES**

Sur le terrain – FC Saint-Mandé

Le mot de l'expert – Jérôme Almosni

# SUR LE TERRAIN

CLUB : FC SAINT-MANDÉ
LOCALISATION : VAL-DE-MARNE, ÎLE-DE-FRANCE
OBJECTIF : PARTAGER LA VOITURE ÉLECTRIQUE POUR MOINS POLLUER

**À Saint-Mandé, il n'y a pas de stade de foot. Les 500 adhérents du FC Saint-Mandé doivent donc prendre la voiture chaque semaine pour s'entraîner, au stade de Champigny-sur-Marne.**

## COVOITURAGE ET ENTRAIDE

Les joueurs font les trajets à plusieurs dans un même véhicule, c'est ce qu'on appelle le covoiturage. Le FC Saint-Mandé a aussi l'habitude de partager ses propres véhicules avec l'autre club de foot de la ville, l'AS Cécifoot Saint-Mandé. Les membres de ce club sont tous des sportifs malvoyants ou aveugles. Le président du FC Saint-Mandé, François Lecordix, a eu l'idée d'acheter des véhicules électriques qui serviraient aux deux clubs. « Une voiture électrique ne consommant pas d'essence, c'est encore mieux pour l'environnement », explique-t-il aux joueurs et joueuses de son club. Petit à petit, grâce à une campagne de sensibilisation et la réalisation d'un tifo*, il a réussi à réunir l'argent pour l'achat de ces deux véhicules.

* Animation visuelle organisée pour les supporteurs d'une équipe.

## LA SOLIDARITÉ AU-DELÀ DU TERRAIN

L'institut Le Val Mandé pour personnes handicapées a ensuite proposé d'acheter les bornes de recharge électrique. En échange, ils utilisent les voitures pour leurs résidents en journée, en dehors des heures d'utilisation des clubs. Les deux voitures servent aussi à une maison de retraite pour emmener les résidents au marché. Le covoiturage est déjà une super idée pour éviter de polluer la planète mais partager sa voiture électrique avec d'autres associations, c'est encore mieux. Apprendre à partager ses voitures, c'est la très belle idée du FC Saint-Mandé !

**« IL FAUT APPRENDRE À PARTAGER »**

# LE MOT DE L'EXPERT

NOM : JEREMIE ALMOSNI

FONCTION : CHEF DU SERVICE TRANSPORT ET MOBILITÉ DE L'AGENCE DE L'ENVIRONNEMENT ET DE LA MAÎTRISE DE L'ÉNERGIE (ADEME).

## ACTIF OU PASSIF ?

Choisis plutôt le mode actif. C'est bon pour la planète et mieux pour ta santé. La moitié des déplacements quotidiens en France se déroulent dans un périmètre de moins de 5 km, ce n'est pas très loin ! Si la voiture de tes parents est la seule solution, partage-la au maximum avec tes copains pour aller à l'entraînement ou au match. C'est convivial car tu crées plus de lien avec tes coéquipiers. Et si tes parents ont une voiture électrique, c'est le jackpot écologique !

## SE POSER LES BONNES QUESTIONS

Pourquoi te déplaces-tu ?
En as-tu vraiment besoin ?
Le déplacement écologique est celui qu'on évite. Si tu dois aller acheter un short, pourquoi prendre la voiture ou le bus pour aller dans un supermarché si tu peux l'acheter en allant à pied dans un magasin de sport près de chez toi ? Il faut la jouer local.

**SE DÉPLACER**
**Mode actif :** marche, vélo, trottinette…
**Mode passif :** voiture…
**Mode partagé :** transports en commun

# ENVIRONNEMENT

## CHAPITRE 2 – **IDENTIFIER ET TRIER SES DÉCHETS**

Sur le terrain – AS Moulins Football
Paroles de star – Isabelle Autissier
Le mot de l'experte – Julie Sauvêtre

# SUR LE TERRAIN

CLUB : AS MOULINS FOOTBALL
LOCALISATION : ALLIER, AUVERGNE-RHÔNE-ALPES
OBJECTIF : NATURELLEMENT ÉCOLO

**Être un bon footballeur n'est pas seulement une question de buts marqués, cela va bien au-delà. C'est la philosophie du président Rodolphe Rideau qui a voulu sensibiliser ses jeunes licenciés aux questions écologiques.**

## DES DÉCHETS DE TOUTE SORTE

Dès le début, une « charte d'engagement aux bonnes pratiques » a vu le jour. Lors du premier tournoi U11, chaque joueur a reçu une gourde. Fini les bouteilles en plastique à moitié pleines qu'on ramasse à la fin du tournoi. On évite ainsi de gâcher l'eau et on réduit sa consommation de plastique. Une table à eau est à la disposition des joueurs qui remplissent leur gourde au robinet tout au long de la journée. Le gâchis peut aussi être alimentaire. Une diététicienne donne donc des conseils et le club distribue gratuitement des repas équilibrés aux équipes invitées. Ici, pas de malbouffe !

« ON NE FAIT PAS QUE DU FOOT »

Une bourse d'échange de vêtements sportifs a même été imaginée. Les familles achètent ou troquent le survêt du grand frère contre des chaussures qui iront au copain qui a grandi. Cela évite de jeter, de racheter du neuf et ainsi les parents économisent.

## PASSER À L'ACTION

Tous ces gestes sont naturels pour le président militant : « On ne fait pas que du foot, on fait autre chose ! Pour mener à bien toutes ces actions, il faut des bras, des idées et être convaincu qu'il y a du sens derrière tout cela. Au vu des dangers qui menacent notre planète, il faut dépasser le cadre sportif pour jouer notre rôle d'éveil à la conscience écologique et au développement durable. Nos actions peuvent être menées dans tous les clubs. ». À toi d'en parler dans le tien !

# PAROLES DE STAR

**En quoi consiste votre engagement chez WWF ?**

**Isabelle Autissier :** Je suis présidente d'honneur du WWF France. Nous sommes une association de protection de l'environnement, créée en 1961, qui œuvre partout dans le monde. Notre objectif est de trouver des solutions pour préserver la nature, lutter contre le changement climatique et réduire notre empreinte sur l'environnement.

**En quoi votre carrière de marin vous a-t-elle éclairée sur l'état de la mer et sur l'urgence à changer les choses ?**

**Isabelle Autissier :** Mes voyages à la voile m'ont permis d'être témoin de notre impact sur les océans. J'ai malheureusement pu constater que même sur des îles du Grand Nord complètement désertes, on retrouve maintenant des déchets plastiques. C'est problématique car les océans sont indispensables à nos vies. 50 %

EN 2020, LA FFF A SIGNÉ, EN PARTENARIAT AVEC WWF, LA CHARTE ÉCO-RESPONSABLE DU MINISTÈRE DES SPORTS, S'ENGAGEANT À RÉDUIRE SON IMPACT SUR L'ENVIRONNEMENT.

# ISABELLE AUTISSIER

Née en 1956 à Paris, Isabelle Autissier est une navigatrice française et la première femme à avoir accompli un tour du monde à la voile en solitaire. Elle est présidente d'honneur du WWF France, le Fonds mondial pour la nature.

de l'oxygène que nous respirons provient de la biodiversité marine. La science nous montre de manière factuelle que nous sommes responsables du dérèglement climatique et de la perte de biodiversité, et que cela va avoir un impact catastrophique sur nos pays.

**Comment convaincre les gens de changer de comportement en se déplaçant différemment ?**

**Isabelle Autissier :** Nous faisons partie d'un écosystème qui nous fournit l'air que nous respirons, l'eau et l'alimentation dont nous avons besoin pour vivre. Nous ne sommes pas capables de nous en passer. Par exemple, la multiplication des pics de chaleur, des sécheresses et des pics de pollution met en péril le sport, le gazon des stades, la performance

sportive et même l'économie du sport.
Les sportifs devraient être les premiers défenseurs du climat s'ils veulent que la pratique sportive reste possible dans un avenir proche. Une première action pour réduire son impact est de se déplacer à vélo, à pied ou en transports en commun, et d'éviter au maximum l'avion.

### Les gens semblent prêts au changement selon vous ?

**Isabelle Autissier :** Je crois que tout le monde se rend compte qu'il y a un problème. Les citoyens sont de plus en plus préoccupés par le dérèglement climatique, les pollutions des océans, la déforestation. Mais nous voyons également que la prise de conscience ne suffit pas à changer les comportements. Nous devons arriver à ce que les gestes écoresponsables deviennent la norme. Le sport peut nous aider à cela.

### « Avant de trier, il faut apprendre à mieux consommer ! » Êtes-vous d'accord avec cela ?

**Isabelle Autissier :** Oui, bien sûr. Seuls 9 % des déchets plastiques ont été recyclés dans le monde. Chaque année, 8 millions de tonnes de plastiques finissent dans nos océans. La première chose à faire est de réduire la quantité de déchets que nous produisons.

### Les sportifs s'engagent-ils assez selon vous ?

**Isabelle Autissier :** Comme toute activité humaine, le football peut avoir un impact sur le climat, la biodiversité, l'utilisation des ressources naturelles et sur les sols et générer de nombreuses pollutions. Le sport doit prendre conscience de ses responsabilités vis-à-vis de la planète.
Mais au-delà de l'impact de ses activités, le

## ÊTRE UN SPORTIF ÉCORESPONSABLE

- SE DÉPLACER AU MAXIMUM À VÉLO, À PIED, EN TRANSPORTS EN COMMUN ET EN COVOITURAGE.
- MANGER MOINS DE VIANDE (3 JOURS SANS VIANDE PAR SEMAINE), MOINS DE POISSON (2 REPAS MAX PAR SEMAINE), PLUS DE LÉGUMES CULTIVÉS À PROXIMITÉ ET DE SAISON ET PLUS DE PRODUITS ISSUS DE L'AGRICULTURE BIOLOGIQUE.
- SUPPRIMER LES BOUTEILLES EN PLASTIQUE, RÉDUIRE SA PRODUCTION DE DÉCHETS ET TRIER SES DÉCHETS.
- ENTRETENIR SON MATÉRIEL SPORTIF POUR QU'IL DURE DANS LE TEMPS ET LE PARTAGER AVEC SES COPAINS.

sport véhicule des valeurs essentielles comme la solidarité, le dépassement de soi, le respect de l'autre. Des valeurs qui participent de façon positive à la citoyenneté et au vivre-ensemble. En cela, le sport est un formidable espace de sensibilisation et d'éducation au respect de l'environnement. Le sport, par son influence et son attractivité, peut nous aider à créer cet élan, à sensibiliser et à transformer les comportements. Les sportifs peuvent et doivent s'engager plus pour préserver l'environnement.

# LE MOT DE L'EXPERTE

NOM : JULIE SAUVÊTRE

FONCTION : CHARGÉE DE PROJET À L'ASSOCIATION ZERO WASTE (ZÉRO DÉCHET) FRANCE

## RÉUTILISER AU LIEU D'ACHETER

Ton sac de sport peut peser très lourd pour la planète.  À toi de te poser les bonnes questions : Ai-je besoin d'un maillot tout neuf ? Les vêtements d'occasion peuvent être en aussi bon état que des neufs. Renseigne-toi sur les « bourses aux vêtements » qu'organise ton club. Tu dois aussi prendre soin du matériel pour qu'il dure plus longtemps. Si un filet de but est abîmé, signale-le au coach pour le réparer. Quand ce n'est plus possible, il faut alors le recycler. Si tu ne vois pas de poubelles à tri dans le stade, demande-les !

## ÉVITER LES DÉCHETS

La première chose à savoir est que le meilleur déchet est celui qu'on ne produit pas. On évite donc le goûter jetable avec plein de papiers et on choisit une boîte où l'on met des gâteaux faits maison et des fruits. Ce qui est bon pour la planète l'est aussi pour ton corps.

**LE COMPOSTAGE**

90 % des déchets alimentaires sont composés d'eau. Si on ne les composte pas, ils finiront brûlés. Brûler ces déchets alors qu'ils pourraient nourrir la terre est assez idiot, non ?

# ENVIRONNEMENT

## CHAPITRE 3 – **GÉRER L'UTILISATION DE L'EAU**

Sur le terrain – Châteaubourg Saint-Melaine Football Association

Paroles de star – Tony Estanguet

Le mot de l'expert – Renaud Hermen

# SUR LE TERRAIN

**CLUB : CHÂTEAUBOURG SAINT-MELAINE FOOTBALL ASSOCIATION**
**LOCALISATION : ILLE-ET-VILAINE, BRETAGNE**
**OBJECTIF : JONGLER SUR L'EAU**

## « MAIS POURQUOI ON FAIT ÇA ET PAS DU FOOT ? »

Voilà l'une des questions posée par un des 90 jeunes du club mobilisé lors d'une séance de sensibilisation autour du gaspillage de l'eau. Le jeu est simple : on pose une question autour de l'eau à un groupe de joueurs qui se concerte. L'un d'eux doit donner la réponse le plus vite possible à un éducateur après avoir réalisé un défi technique, type conduite de balle ou jongles…

## BAIN OU DOUCHE ?

« Nos jeunes n'ont pas conscience du gaspillage de l'eau, explique Johanne Piquet, éducatrice au CSMFA. Ils ne voient pas quel est le mal à faire couler l'eau du robinet sans l'utiliser. On les voit ouvrir les robinets extérieurs sans en avoir réellement besoin. Quand on leur pose la question : « Qu'est-ce qui est le plus économe : un bain ou une douche ? », la réponse ne m'étonne pas. Beaucoup nous ont répondu « le bain », ce qui est faux.

## AU-DELÀ DU JEU

Depuis trois ans, à l'initiative du club, les enfants ont intégré la gourde comme faisant partie de l'équipement du footballeur. C'est plus écologique, plus économique et plus hygiénique. Johanne Piquet a répondu à la première question posée au début de l'article : « Parce que le foot, c'est savoir s'ouvrir au monde et apprendre à avoir des moments en commun. »

**« DE NOMBREUX ENFANTS PENSENT QUE L'EAU VIENT DE LA MER. NOUS AVONS DU TRAVAIL ! »**

# PAROLES DE STAR

**A-t-on un regard particulier sur l'environnement quand on pratique un sport tel que le vôtre ?**

**Tony Estanguet :** Oui, forcément ! J'ai eu la chance de grandir dans les Pyrénées, et de découvrir le canoë très tôt. Depuis l'enfance, la rivière est mon terrain de jeux. Quand on pratique un sport de plein air, on développe une sensibilité particulière à la nature. On profite de sa beauté et des bienfaits qu'elle nous offre, mais on prend aussi conscience de sa fragilité et de l'importance de la préserver car c'est l'un de nos biens les plus précieux.

**Les sportifs reconnus s'engagent-ils assez dans la lutte pour l'environnement ?**

**Tony Estanguet :** Beaucoup d'athlètes décident de mettre leur notoriété au service de causes qui leur tiennent à cœur. Parmi ces causes, la défense de l'environnement arrive en bonne place, justement parce que les athlètes ont ce rôle de vigie, qu'ils sont en première ligne pour constater l'érosion des montagnes ou encore les pollutions de l'océan.
On peut citer l'engagement du navigateur François Gabard, qui profite de ses courses pour mettre en avant des solutions durables accessibles à tous.

# TONY ESTANGUET

Né à Pau en mai 1978, il est spécialiste du canoë monoplace slalom. Triple champion olympique, il est actuellement président du Comité d'organisation des Jeux olympiques et paralympiques de Paris 2024.

**Comment avez-vous intégré cette problématique dans la préparation des prochains JO ?**

**Tony Estanguet :** La responsabilité environnementale est au cœur des Jeux Olympiques et Paralympiques de Paris 2024. Nous voulons montrer que des solutions écoresponsables sont possibles à grande échelle, pour accélérer la transformation écologique de la société.

Les sites des Jeux seront alimentés en électricité 100 % renouvelable, les délégations olympiques et paralympiques seront acheminées vers les stades par des modes de transport propres, et les spectateurs seront incités à utiliser les transports en commun et la mobilité douce.

Nous voulons développer une offre de restauration durable et autant que possible locale pour les spectateurs et les athlètes, avec un objectif « zéro gaspillage alimentaire » pendant les Jeux.

**L'eau est votre domaine. Comment sensibiliser les jeunes à sa préservation ?**

**Tony Estanguet :** Le meilleur moyen de sensibiliser les jeunes, c'est souvent d'aller sur le terrain. En 2018, une crue a disséminé 2 000 m$^2$ de déchets, notamment plastiques, sur les berges du gave de Pau, la rivière sur laquelle je pratique le canoë. C'est le genre d'événement qui peut provoquer une prise de conscience. Une autre façon de sensibiliser, c'est de donner la parole à des personnalités engagées pour la planète et dont les jeunes générations se sentent proches. Les athlètes peuvent jouer ce rôle-là.

**Votre papa était kayakiste, vous êtes champion de canoë et vous-même papa aujourd'hui. Avez-vous l'impression que ce sont les aînés qui doivent transmettre ces valeurs de défense de l'environnement ?**

**Tony Estanguet :** Bien sûr, pour les aînés – parents, éducateurs, coachs – transmettre des valeurs est primordial. Mais je pense que, sur ce sujet en particulier, la jeune génération a aussi beaucoup de choses à nous apprendre ! J'observe que les jeunes sont particulièrement conscients des enjeux liés à l'environnement, et qu'ils s'engagent pour changer les choses… parfois même plus que leurs aînés.

**76 %**
**DES CLUBS DE LA FFF SOUHAITENT S'ENGAGER POUR ALLER VERS LE ZÉRO DÉCHET, EN PROPOSANT DES GOURDES INDIVIDUELLES À LEURS LICENCIÉ(E)S.**

# LE MOT DE L'EXPERT

NOM : RENAUD HERMEN

FONCTION : COFONDATEUR DE L'ASSOCIATION WATERFAMILY

## LA RESSOURCE INDISPENSABLE

Mon métier est de sensibiliser des jeunes de ton âge à l'importance de l'eau. Sans eau, aucune vie n'est possible. Tu peux rester deux semaines sans manger, mais pas sans boire. L'eau fait partie du cycle de la vie. Nous pensons toujours à économiser l'eau que l'on voit, celle du bain et de la douche – et c'est normal –, mais jamais celle que l'on ne voit pas.

## L'EAU INVISIBLE

Juste pour se nourrir, il faut 3 000 litres d'eau par jour par personne en Europe. L'eau sert à faire pousser les fruits et les légumes, elle est nécessaire pour les animaux. Il faut savoir que pour un seul kilo de bœuf industriel on utilise 15 000 litres d'eau. Si tu l'achètes à un agriculteur du coin, tu réduis la production d'eau à seulement 3 000. Il faut donc consommer local, c'est ce qu'on appelle être « locavore ».

**L'EAU INVISIBLE PAR HABITANT, C'EST 4 000 LITRES PAR JOUR EN EUROPE. L'EAU SERT À TE NOURRIR, MAIS ELLE SERT AUSSI DANS LA FABRICATION DE TON TÉLÉPHONE, TES HABITS...**

# PRÉPARER UN PIQUE-NIQUE ZÉRO DÉCHET

**Avec quelques astuces, tu pourras préparer ton pique-nique zéro déchet facilement !**

Pour éviter les déchets, il faut commencer par utiliser les bons emballages.

- **Gourde ou gobelets réutilisables** s'il y a des boissons à partager
- **Couverts en métal** ou **en bois**
- **Bento** ou **Tupperware** (le couvercle du tupperware peut te servir d'assiette)
- **Serviette en tissu** (ça prend la même place que le papier essuie-tout et c'est plus écologique)

Transporte le tout dans un sac à dos, un sac isotherme ou un sac en tissu.

Le mieux, pour la planète et pour ta santé, c'est de tout préparer toi-même.

Si tu es très pressé, tu peux faire rapidement un sandwich, mais si tu as un peu de temps, n'hésite pas à préparer une tarte ou un cake ! Ça va te caler et tu peux même partager avec tes copains.
Pour le dessert, un fruit c'est idéal, mais si tu es gourmand, tu peux toujours cuisiner un gâteau ou des cookies !

## BESOIN D'IDÉES ?

- ***Une salade composée*** : des féculents (*riz, pâtes froides, quinoa, pommes de terre…*), des crudités (*tomates, carottes, concombres…*). Tu peux aussi mettre de la viande ou du poisson (*thon, poulet, jambon…*) et du fromage (*feta, comté, mozzarella…*)
- ***Un cake salé*** (*jambon et gruyère / lardons et chèvre / thon et olives / chorizo et poivrons…*)
- ***Une tarte ou une quiche*** (*lorraine / courgettes et feta / tomate et moutarde / saumon et brocolis / chèvre, tomates et tapenade…*)

PARTIE 5

# FAIR-PLAY

Respecter son adversaire, ne pas simuler une faute et assumer ses erreurs, c'est un peu tout cela le fair-play. N'oublie jamais que le foot n'est qu'un jeu mais qu'il est aussi une école de la vie. Ton bon comportement sur le terrain t'apprendra à te comporter comme une bonne personne dans la vie de tous les jours. Se respecter et respecter les autres, voilà un super programme !

# CHAPITRE 1 – **RESPECTER LES ADVERSAIRES**

Sur le terrain – Quimper Ergué Armel FC

Paroles de star – Viviane Asseyi

Le mot de l'expert – Patrick Braouezec

# SUR LE TERRAIN

CLUB : **QUIMPER ERGUÉ ARMEL FC**
LOCALISATION : **FINISTÈRE, BRETAGNE**
OBJECTIF : **CARTON VERT**

**Le carton jaune et le carton rouge, tu connais certainement, mais as-tu déjà entendu parler du carton vert ?**

## UN CARTON COMME RÉCOMPENSE

Ce n'est pas un avertissement pour t'obliger à finir ton assiette de haricots verts ou de petits pois. Non, le carton vert est donné lors d'un match officiel pour encourager le fair-play sur les terrains de foot. Fabien Donnart, responsable du PEF au sein de ce club, a tout de suite adhéré à ce projet : « Je viens du rugby et je voulais amener certaines de ses valeurs dans le foot. À la différence du rugby, où le fair-play est enseigné depuis tout petit, je trouvais qu'il n'était pas assez présent dans notre sport. J'ai découvert cette action des cartons verts réservés aux U15 mais je l'ai étendue aux plus jeunes. » Tu marques un but de la main que l'arbitre n'a pas vu et tu lui signales ? Cela mérite un carton vert pour te féliciter et t'encourager.

## UN JOUEUR FAIR-PLAY

Lucky Prince a 10 ans, il est défenseur dans le club et a reçu un carton vert cette année : « Sur un corner j'ai voulu marquer du pied mais j'ai tapé le ventre du gardien. Je me suis excusé et l'ai aidé à se relever. Je suis très fier car on m'a donné le carton vert à la fin du match et on m'a pris en photo pour le journal des clubs de la région. On évite les disputes, on se respecte plus, les choses s'apaisent. Le foot, c'est fait pour s'amuser, pas pour gagner tout le temps. Tous les copains dans le club veulent leur carton vert maintenant ! » Et dans ton club, cela existe ?

**« ON SE RESPECTE PLUS, LES CHOSES S'APAISENT »**

# PAROLES DE STAR

**Pourquoi le respect de l'adversaire au foot est-il important ?**

**Viviane Asseyi :** Le foot, c'est comme la vie normale, on doit être respectueux. Il faut que tout le monde avance sur cette voie. Même si pendant quatre-vingt-dix minutes nous avons des adversaires, le football est avant tout un jeu. C'est une philosophie de vie. Nous n'avons aucun intérêt à blesser quelqu'un. On respecte les adversaires et les coéquipiers.

Respecter un adversaire, c'est aussi lui marquer dix buts si tu en as la possibilité. Le respect doit être présent partout et particulièrement envers l'arbitre, car sans lui il n'y a pas de match !

J'AI VOULU COMMENCER LE FOOTBALL APRÈS AVOIR VU ZIDANE EN FINALE DE LA COUPE DU MONDE DE FOOT DE 1998 CONTRE LE BRÉSIL. LE LENDEMAIN, J'AI HARCELÉ MA MAMAN POUR QU'ELLE M'ACHÈTE UN BALLON !

# VIVIANE ASSEYI

Viviane Asseyi est née le 20 novembre 1993 en Seine-Maritime. Elle est attaquante dans l'équipe de France féminine.

**Qui vous a appris ce fair-play, ce respect ?**

**Viviane Asseyi :** Je l'ai appris de mes entraîneurs, bien entendu, mais je le dois surtout à ma maman. C'est elle qui m'a tout enseigné. Pour moi, le respect est naturel, quotidien. Elle m'a toujours remise sur le droit chemin.

**Comment se comporter si on joue contre une équipe qui n'est pas fair-play ?**

**Viviane Asseyi :** Il faut garder son calme. C'est le mental qui doit prendre le dessus. Moi j'aime bien dribbler, du coup ça irrite les défenseurs mais je ne m'énerve jamais. Au contraire, cela me motive pour me dépasser et marquer des buts. Il faut toujours garder son sang-froid. N'oubliez jamais que le foot est un jeu. Parfois on gagne, parfois on perd, comme nous contre les États-Unis à la dernière Coupe du monde. Il faut alors se remobiliser et tirer les leçons de la défaite pour devenir encore plus fortes !

# LE MOT DE L'EXPERT

NOM : PATRICK BRAOUEZEC
FONCTION : PRÉSIDENT DU FONDACTION DU FOOTBALL

## L'ESPRIT DE COMPÉTITION

Le fair-play est un terme anglais que l'on peut traduire par « respect ». Les sentiments de haine et de jalousie n'ont aucune place dans le football. Grâce au sport et à la culture, tu développeras les valeurs fondamentales. Avant, on parlait de « culture physique » car il y a un vrai lien entre le corps et l'esprit. On est bien dans sa tête si on est bien dans son corps. La plus belle compétition est celle que l'on livre contre soi-même, celle qui t'amène à te dépasser, sans jamais abaisser l'autre.

## RESPECT DE SOI ET DES AUTRES

Le Fondaction a pour but de sensibiliser les jeunes de ton âge à leur environnement. Cela commence par le respect de soi, mais le respect de l'autre est essentiel également. C'est ce qu'on appelle le fair-play. Il faut comprendre que sur un terrain de sport tu n'as pas d'ennemis, seulement des adversaires.

# FAIR-PLAY

## CHAPITRE 2 – **FAIRE PREUVE DE VOLONTÉ DE PROGRESSER**

Sur le terrain – US 2 Vallons

Le mot de l'expert – Patrick Pion

# SUR LE TERRAIN

CLUB : US 2 VALLONS
LOCALISATION : ISÈRE, AUVERGNE-RHÔNE-ALPES
OBJECTIF : L'AMITIÉ COMME OUTIL POUR PROGRESSER

## JOUER POUR S'AMUSER

« Je suis fier de dire que nous sommes un petit club familial », s'enthousiasme Sébastien Blanchard, secrétaire général de l'US 2 Vallons. Ici, l'objectif premier n'est pas de gagner à tout prix mais que les 220 licenciés se fassent plaisir. Bien sûr, quand les joueurs entrent sur le terrain, ce n'est pas pour faire de la figuration, mais finalement le résultat importe peu.

« L'AMITIÉ JOUE UN RÔLE ESSENTIEL »

## PLUSIEURS JOUEURS, UNE ÉQUIPE

« Comme nous sommes face à de gros clubs, nous avons choisi de miser sur la cohésion de groupe. Les joueurs d'une même équipe jouent ensemble depuis plusieurs années, ils se connaissent par cœur, ils ont tissé des liens d'amitié et sont solidaires sur le terrain et en dehors, et les résultats suivent. Nos U13 jouent ensemble depuis quatre saisons et ont réussi tous les six mois à grimper d'une division. L'année dernière, ils ont remporté deux tournois départementaux. » Le club fait aussi passer une batterie de tests quatre fois par an à ses licenciés et inscrit ses équipes au plus grand nombre de

tournois possible, car seule la pratique permet de progresser.

## BABY FOOT

Une section baby foot vient d'être créée par le club pour les enfants de 3 à 4 ans. Imaginons ce groupe dans dix ans : ils auront joué des centaines de matchs ensemble, de quoi acquérir de sacrés automatismes. Les meilleures équipes sont celles où l'amitié et la solidarité jouent un rôle essentiel.

# LE MOT DE L'EXPERT

NOM : PATRICK PION

FONCTION : DIRECTEUR TECHNIQUE NATIONAL ADJOINT À LA FÉDÉRATION FRANÇAISE DE FOOTBALL

## RESTER MOTIVÉ

Comme tous les sports, le foot possède un langage particulier et il est très important que tu le saisisses pour te perfectionner. Et si tu ne comprends pas, il faut demander. Voilà pourquoi il est si important d'écouter son coach : les joueurs les plus performants sont ceux qui sont attentifs et motivés. On a tous connu de très bons joueurs mais qui, s'entraînant un peu moins que les autres, se sont fait dépasser par des moins bons mais plus motivés. Retiens une chose : seul le travail paie !

## UNE AMÉLIORATION CONSTANTE

Les 300 conseillers techniques de la FFF aident les enfants à s'améliorer en imaginant de nouvelles séances d'entraînement. Les exercices deviennent plus difficiles selon l'âge, mais sans être trop compliqués pour ne pas te décourager. Ils te permettent peu à peu de développer ton autonomie.

# FAIR-PLAY

## CHAPITRE 3 – **JOUER SANS TRICHER**

Sur le terrain – Fontenilles FC
Paroles de star – Matt Pokora
Le mot de l'experte – Maryline Deron

# SUR LE TERRAIN

CLUB : FONTENILLES FC
LOCALISATION : HAUTE-GARONNE, OCCITANIE
OBJECTIF : LE FAIR-PLAY DANS LA PEAU

## ALLER AU-DELÀ DU JEU

Une fois par an, dans ce club de 500 licenciés, les éducateurs, entraîneurs et encadrants observent un peu plus attentivement leurs jeunes joueurs et joueuses, et pas seulement le ballon au pied. « Cela dure une semaine, chaque encadrant choisit un jeune méritant et exemplaire et lui remet un carton vert afin de le féliciter pour son fair-play et son investissement », explique Yan Lorec, le président.

## APPLIQUER LE FAIR-PLAY

« Nous avons vu cette initiative dans le PEF et l'avons instaurée, mais sur une période donnée et hors compétitions. Le fair-play c'est surtout dire non à la triche. C'est un événement ciblé mais nous en parlons toute l'année. Nous avons été choisis par la FFF comme l'un des « club lieu de vie ». C'est un regroupement de 160 clubs en France qui s'échangent leurs bonnes pratiques. »

## DES VALEURS BIEN ANCRÉES

Les 15 lauréats du carton vert de cette année sont allés encourager le Toulouse Football Club. Et si un jour les lauréats oublient le fair-play, il leur suffira de lire les valeurs du club gravées sur la manche des maillots pour s'en souvenir : plaisir, respect, solidarité, convivialité et fair-play bien sûr !

**« LE FAIR-PLAY, C'EST SURTOUT DIRE NON À LA TRICHE »**

# PAROLES DE STAR

**Le foot, c'est une histoire de famille ?**

**Matt Pokora :** Oui, mon père était joueur pro entre 1970 et 1980 à Metz, Bordeaux, Toulouse et Troyes. Grandir avec un papa footballeur, ça permet d'avoir un regard plus objectif et d'être fan du beau jeu plutôt que de telle ou telle équipe. J'ai hérité de cela. Je suis supporteur de l'OM mais quand le PSG joue bien, je le dis.

**Vous avez failli devenir pro…**

**Matt Pokora :** C'est vrai. Techniquement je n'étais peut-être pas le meilleur, mais j'avais la certitude d'être fort mentalement et d'avoir une hygiène de vie irréprochable qui pouvait m'amener loin. Ça a marché pour la musique. La confiance en soi et la rigueur m'ont aidé quand j'ai gagné *Popstars*.

**Que vous a apporté le sport dans votre carrière ?**

**Matt Pokora :** Je gère ma carrière d'artiste comme celle d'un sportif de haut niveau. Je me lève tôt et je fais du sport. Mon déjeuner est équilibré et je dîne deux heures avant le concert pour être au top sur scène. Tout cela, je l'aurais appliqué au foot.

# MATT POKORA

Né le 26 septembre 1985 à Strasbourg, Matt Pokora est un chanteur, acteur et danseur. Enfant il intègre le club de football de Schiltigheim. Il renonce à cette passion pour une autre, la musique.

**« Jouer au foot sans tricher » ça vous évoque quoi ?**

**Matt Pokora :** Avant de parler de simulations ou de buts marqués de la main, la vraie tricherie pour moi, c'est quand on ne se donne pas à fond sur le terrain. Le foot est un sport collectif, alors ne pas tricher, c'est avant tout donner le ballon au joueur qui est mieux placé que toi.

Après, je déteste la simulation : si un coup ne t'a pas fait mal, tu te relèves. Je ne supporte pas le mec qui fait des roulades pour gagner du temps ou obtenir un coup franc. C'est à l'arbitre de décider si c'est grave ou pas et si une sanction est méritée.

**Il y a eu des grandes tricheries dans l'histoire du foot…**

**Matt Pokora :** Oui, par exemple « la main de Dieu » pour Maradona et « la main de la honte » pour Titi (Thierry Henry). C'est très français de dire que Maradona est un génie quand il marque de la main mais quand c'est un Français c'est la honte. C'est la même chose pour moi. Parfois je m'inspire de choses que je peux voir chez les Américains et on dit que je copie, mais quand eux font un visuel ou autre similaire au mien plusieurs mois après, personne ne relève et on crie au génie. C'est comme ça, on a l'habitude.

**Il y a beaucoup de parallèles entre la musique et le foot ?**

**Matt Pokora :** Ce sont des milieux qui exigent de grands sacrifices : être souvent loin de sa famille, être constamment en forme. En tant que célébrités, nous avons aussi un devoir d'exemplarité. Il y a des gestes qui sont nuisibles à l'éducation des jeunes, comme un coup de boule en finale de Coupe du monde ou certains textes de rap qui rabaissent les femmes. Tout cela fait partie de l'éducation civique, c'est de notre responsabilité de montrer un bon exemple aux fans, qu'ils soient dans un stade ou une salle de concert.

# LE MOT DE L'EXPERTE

NOM : MARYLINE DERON

FONCTION : MEMBRE DU CONSEIL NATIONAL DE L'ÉTHIQUE

## 11 PRINCIPES FONDAMENTAUX POUR JOUER ENSEMBLE

En 2017, les six membres du Conseil national de l'éthique ont réactualisé la Charte d'éthique et de déontologie du football en onze principes fondamentaux pour jouer et vivre ensemble. Elle est envoyée à l'ensemble du monde pro et amateur. Le principe de base est le respect. Respect de soi, des autres et des règles, bien entendu. Jouer sans tricher, c'est respecter son club, ses coéquipiers, son entraîneur, ses adversaires, les supporteurs et l'arbitre.

## L'ARBITRE, GARDIEN DES RÈGLES

Il faut remettre l'arbitre au cœur du sport. Il est le dépositaire des règles, de l'esprit du jeu. Je vois beaucoup trop d'entraîneurs ou de joueurs s'en prendre aux arbitres. Le travail effectué par le PEF porte ses fruits et vous, les jeunes, avez compris l'importance du respect sur le terrain. Il faut continuer, car si les manques de respect envers les arbitres sont moins nombreux, ils sont parfois plus violents. Le travail doit être poursuivi par les éducateurs. Le respect avant tout !

**ON PEUT CRITIQUER UNE DÉCISION, MAIS JAMAIS INSULTER, ET ENCORE MOINS MENACER OU FRAPPER, C'EST INTOLÉRABLE.**

# JEUX
# ACTIVITÉ

**Tu n'as pas assez de place pour jouer au foot chez toi ? Pour t'amuser sans casser toutes les lampes, tu peux fabriquer un baby-foot. Demande à tes parents de t'aider !**

**Tu as besoin de :**
- 1 boîte à chaussures
- 4 piques en bois assez longues ou 4 baguettes
- 10 pinces à linge en bois
- 1 boule de 3 centimètres en polystyrène (tu peux même utiliser un caillou si tu veux)

**Les étapes :**

1 Avec des ciseaux, fais une ouverture pour les buts sur les côtés les plus courts de la boîte. Il faut laisser quelques centimètres de chaque côté et en haut pour faire les poteaux (les buts doivent faire à peu près la taille d'une boîte d'allumettes).

2 Peins le fond de la boîte en vert pour représenter le terrain.

3 Trace les lignes du terrain au feutre blanc ou à la craie.

4 Si tu veux, tu peux peindre les pinces à linge de la couleur des drapeaux des équipes, ou tu peux même dessiner des personnages (le bas du drapeau ou les jambes doivent être la partie la plus longue de la pince à linge).

5 Pour installer les piques : mesure la longueur de la boîte, divise-la en 5 pour tracer 4 points, à égale distance les uns des autres et du bord. Attention à la hauteur et l'emplacement des piques, les pinces à linge ne doivent ni toucher le fond, ni les murs des buts derrière. Marque au crayon les emplacements à

trouer, à l'aide d'une pointe ou d'un cutter, puis insère les piques ou les baguettes.

6 Enfin, épingle tes joueurs en veillant à décaler les pinces les unes par rapport aux autres. Tu peux mettre 1 gardien et 3 attaquants de chaque côté, ou 2 défenseurs et 3 attaquants, ou 3 défenseurs et 2 attaquants.

## QUIZ

**Le fair-play, c'est jouer en respectant ses adversaires. C'est bien de gagner au foot, mais n'oublie pas que c'est avant tout un jeu. Tu es là pour t'amuser !**

**Je joue contre un adversaire plus faible, donc je joue moins bien car sinon c'est trop facile !**

☐ Vrai ☐ Faux

**Comment se prépare Matt Pokora avant ses concerts ?**

A/ Il se gave de chips et de chocolat.
B/ Il tire des penaltys dans sa loge.
C/ Il mange deux heures avant, comme un joueur pro.

PARTIE 6

# CULTURE FOOT

Être footballeur, c'est connaître l'histoire de ton club, le nom des bénévoles qui t'encadrent sur le terrain et qui font que le stade est nickel quand tu arrives. Mais c'est aussi s'investir dans ton club ; il n'y a pas de petits engagements. Ton club, c'est un peu ta famille, tu dois le connaître et le soutenir.

# CHAPITRE 1 – **AVOIR L'ESPRIT CLUB**

SUR
# LE TERRAIN

CLUB : LA BRÈDE FC
LOCALISATION : GIRONDE, NOUVELLE-AQUITAINE
OBJECTIF : QUI LAVE LES MAILLOTS ?

**Romain Laborie, le référent PEF du club, est un peu agacé : « Il y a des joueurs qui sont licenciés depuis des années et qui ne connaissent ni les visages, ni les prénoms des bénévoles qui font tourner le club au quotidien. »**

## FAVORISER LA RENCONTRE

Pour renouer les liens entre les dirigeants, bénévoles, parents et joueurs, Romain a décidé durant l'été 2020 d'organiser une journée conviviale avec l'ensemble de ces acteurs. Malheureusement, le Covid-19 en a décidé autrement, mais ce n'est que partie remise. Il existe d'autres moyens pour que ces femmes et hommes de l'ombre soient sous les projecteurs.

## LES BÉNÉVOLES À L'HONNEUR

Romain explique les mesures mises en place : « Cette année, nous réalisons le portrait d'un bénévole par le biais d'un questionnaire, que nous mettons sur nos réseaux sociaux. Notre premier portrait a battu le record de like. » De même, à l'entrée des vestiaires, les diplômes des éducateurs sont placardés en évidence et, devant le foyer, les photos de toutes les équipes sont affichées. Ce club familial est toujours à la recherche de bonnes volontés pour aider sa soixantaine de bénévoles, et les parents sont sollicités pour mettre leurs talents au service du club.

### LES JOUEURS MIS À CONTRIBUTION

Une nouvelle idée a germé cette année : si un joueur prend un carton pour mauvais comportement, il devra faire une action de bénévolat pour éviter la suspension (nettoyage des maillots, aide à l'école de foot, confection des sandwichs, etc.). Chaque bénévole, quel que soit son rôle, te permet de pratiquer ton sport dans les meilleures conditions. Et toi, tu connais le nom de la personne qui lave tes maillots dans ton club ?

**« LES BÉNÉVOLES FONT TOURNER LE CLUB AU QUOTIDIEN »**

# PAROLES DE STAR

**Comment définiriez-vous « l'esprit club » ?**
**Guy Stéphan :** Avoir l'esprit club, c'est entrer dans un projet global défini par le club. Guingamp, mon premier club professionnel, plutôt familial, avait l'ambition de grandir. Je devais m'y fondre. Jouer au Bayern de Munich, c'est intégrer un projet rigoureux. Cet état d'esprit se matérialise dans une équipe par une grande écoute, des échanges, une forte implication dans toutes les tâches, petites ou grandes, et la résolution des conflits qui amène à une plus forte cohésion. Je suis très attaché à la cohésion.

**À quoi cela sert-il d'avoir « l'esprit club » ?**
**Guy Stéphan :** On peut faire la différence individuellement, mais c'est ensemble que l'on gagne. Avoir l'esprit club, c'est aussi trouver sa place au sein du collectif. Je suis entraîneur adjoint depuis onze ans auprès de Didier Deschamps, je suis un homme de l'ombre mais dans le quotidien je donne mon avis, j'argumente auprès de Didier. Le but est qu'il ait toutes les informations au moment de prendre la décision finale.

# GUY STÉPHAN

Guy Stéphan est né le 17 octobre 1956 dans les Côtes-d'Armor. Ancien joueur professionnel à Rennes et Caen, il décide de devenir entraîneur à 29 ans, à la suite d'un accident de voiture. En tant qu'entraîneur adjoint de l'équipe de France, il a remporté l'Euro 2000 aux côtés de Roger Lemerre et la Coupe du monde en 2018 avec Didier Deschamps.

**Comment faire pour garder « l'esprit club » sans tomber dans l'animosité envers les adversaires ?**

**Guy Stéphan :** Ne jamais oublier qu'en face, l'équipe adverse a les mêmes valeurs d'entraide collective. À la fin d'un match, on serre la main de ses adversaires et les entraîneurs doivent montrer l'exemple. Il faut passer au-delà du résultat, même si on perd une finale à domicile en championnat d'Europe. Contre le Portugal, cela a été très difficile car nous avions été brillants en demi-finale contre l'Allemagne. Il faut accepter la défaite et la transformer en moteur pour la prochaine compétition. C'est comme cela que l'on a gagné la Coupe du monde en Russie.

# LE MOT DE L'EXPERT

NOM : DENIS MASSEGLIA

FONCTION : PRÉSIDENT DU COMITÉ NATIONAL OLYMPIQUE ET SPORTIF FRANÇAIS (CNOSF) DE 2009 À 2021

## UNE SECONDE FAMILLE

Un club, c'est bien plus que du sport, c'est une seconde famille. Quand on y adhère, on s'identifie à ses valeurs, ses couleurs. S'inscrire dans un club de sport, quel qu'il soit, c'est l'assurance de se faire des amis, parfois pour longtemps et souvent pour la vie. Mes meilleurs amis, je les ai rencontrés dans ma jeunesse, ils sont toujours à mes côtés. Il ne faut pas oublier que « l'esprit club », c'est aussi avoir du respect pour les anciens qui en sont à l'origine. C'est essentiel !

## LES CLUBS EN FRANCE

Les clubs sont essentiels en France. Ils sont près de 180 000. En cela, la France constitue une exception, car dans les autres pays on trouve plutôt de grosses structures. Les clubs ont un rôle éducatif grâce aux encadrants qui sont présents tout au long de l'année, ce qui permet aussi de développer le lien social grâce aux belles amitiés qui s'y forment.

AFIN D'ENCOURAGER CET ESPRIT DE CLUB, LE CNOSF A LANCÉ « MON CLUB PRÈS DE CHEZ MOI » LA PREMIÈRE PLATEFORME QUI PERMET DE TROUVER EN UN CLIC LE CLUB DE SPORT LE PLUS PROCHE.

# CULTURE FOOT

## CHAPITRE 2 – **PORTER LES VALEURS DU FOOT**

Sur le terrain – Stade pleudihennais
Paroles de star – Akhenaton
Paroles de star – Didier Deschamps
Le mot de l'expert – Lionnel Ducloz

# SUR LE TERRAIN

CLUB : STADE PLEUDIHENNAIS
LOCALISATION : CÔTES-D'ARMOR, BRETAGNE
OBJECTIF : CÉLÉBRER LES BUTS EN S'AMUSANT !

**Certains joueurs sont devenus des pros de la célébration : Nous avons tous en tête Griezmann sautillant comme dans un célèbre jeu vidéo en finale de la Coupe du monde, ou Ronaldo les bras ouverts et le poing fermé.**

## BUT !

Toi aussi tu joues au foot pour cet instant magique où tu envoies le ballon derrière la ligne de but et où tu fais gagner ton équipe ? C'est le moment de célébrer ton but en faisant parfois n'importe quoi. Mais si tu as marqué un but, c'est souvent grâce à tes partenaires et il ne faut pas les oublier.

## CÉLÉBRER ENSEMBLE

Ainsi, à Pleudihen, en Bretagne, José Escanez a décidé de mettre en place une action issue du « Programme éducatif fédéral », la célébration du but en groupe : « Pendant l'entraînement, à chaque but marqué, les joueurs doivent célébrer le but ensemble. Certains imaginent des chorégraphies comme la chenille ou d'autres imitent les joueurs professionnels. C'est un moment sympa où les plus timides doivent se dépasser un peu. Une bonne célébration est un moment convivial. » Fêter ainsi les buts développe la cohésion d'équipe, encourage l'imagination et renforce la joie de jouer ensemble.

## UN JEU AVANT TOUT

C'est important aussi de ne pas se prendre trop au sérieux. Le foot est un sport, certes, mais c'est avant tout un jeu. L'idéal pour José serait qu'un « jour en match officiel, l'équipe qui prend un but vienne le célébrer avec l'équipe qui vient de le marquer. Car après tout, victoire ou défaite, peu importe, l'essentiel est de bien s'amuser en partageant des bons moments tous ensemble !»

« SI TU AS MARQUÉ UN BUT, C'EST SOUVENT GRÂCE À TES PARTENAIRES »

# PAROLES DE STAR

**Que représente le foot pour vous et IAM ?**

**Akhenaton :** C'est un héritage familial. Dès mes 6 ans, mon papa m'amenait au Stade Vélodrome. J'ai pratiqué aussi. Et pour IAM le foot est omniprésent. On diffuse des matchs importants pendant le concert et on peut décaler un horaire pour suivre la finale de la Coupe du monde. On a intégré les chants des supporteurs marseillais dans *Le feu*, samplé Haendel, l'hymne de la Champions League sur *La ligue*, et interprété le générique de *Foot de rue* pour un dessin animé.

« LE FOOT, C'EST LA CULTURE JEUNE ! »

**Les valeurs du foot, c'est quoi ?**

**Akhenaton :** Jouer au foot, c'est donner rendez-vous aux copains avant le match, être meilleur que les adversaires, dans le respect, et ensuite manger ensemble. C'est un moment de convivialité. À un niveau supérieur, c'est le spectacle avant tout et savoir se mettre au service du collectif. L'altruisme

# AKHENATON

Né en septembre 1968, il est le célèbre rappeur du groupe IAM.

dans le foot est peut-être une valeur en perdition ; elle est à l'image des valeurs individualistes véhiculées par la société. Mais il y a une nouvelle génération de gamins plus ouverte, plus souriante. Le football est un vecteur fantastique de très bonnes valeurs et un bien collectif pour toute la société.

**Pourquoi foot et rap font-ils si bon ménage ?**
**Akhenaton :** Parce que les rappeurs rêvent d'être joueur et l'inverse est vrai. J'ai fait un morceau qui s'appelle *Samouraï de verre* pour un documentaire sur Zidane. Dans cette chanson sur la célébrité, on ne sait pas si je parle de moi ou de Zidane. Le point commun entre le foot et le rap, c'est d'inculquer aux jeunes le travail. J'ai vu beaucoup de jeunes rappeurs talentueux se planter et de jeunes footballeurs échouer car ils étaient doués mais pas travailleurs. Le foot et le rap sont les deux cultures qui unissent parents et enfants. C'est la première fois dans l'histoire de la musique que parents et enfants écoutent la même musique.

# PAROLES DE STAR

**Quelles sont les valeurs prônées par le football ?**
**Didier Deschamps :** Il y en a tellement... la solidarité, la combativité, l'humilité, l'abnégation, le sens de l'effort et du dépassement, de l'unité. Le football est un sport collectif qui demande au « je » de penser d'abord à « nous » parce qu'un match ne se gagne pas tout seul, il requiert d'autres ingrédients que le talent pour s'imposer.

**Ces valeurs ont-elles évolué depuis vos débuts ?**
**Didier Deschamps :** Ce n'est pas tant le football qui a évolué que la société. À mes débuts par exemple, il n'y avait pas de téléphone portable, pas de réseaux sociaux et le jeu de l'équipe adverse ne pouvait pas être dépouillé par des analystes vidéo comme aujourd'hui. Je ne dis pas que c'était mieux avant, c'était juste différent. Une fois que l'on a pointé l'évolution du contexte, les valeurs restent sensiblement les mêmes. Il faut toujours faire preuve de détermination, de combativité, de solidarité pour gagner.

# DIDIER DESCHAMPS

Didier Deschamps est né en octobre 1968 à Bayonne. Plus beau palmarès du football français, il est le seul, avec Marcio Zagallo (Brésil) et Franz Beckenbauer (Allemagne), à avoir gagné la Coupe du monde comme joueur (capitaine en 1998) et entraîneur (2018).

**Lors de votre arrivée à la tête des Bleus, quel discours avez-vous tenu aux joueurs sur ces valeurs ?**

**Didier Deschamps :** Je me souviens avoir pris la parole devant l'ensemble du groupe en août 2012, avant notre premier déjeuner en commun, à Clairefontaine. C'était deux jours avant le match contre l'Uruguay. Si je devais résumer en une phrase, ce serait : « L'équipe de France est au-dessus de tout et, dans votre carrière, vous devez la placer au-dessus de tout. »

**Comment et pourquoi la victoire en Coupe du monde est-elle porteuse de ces valeurs dans les clubs amateurs ?**

**Didier Deschamps :** Les valeurs que nous avons dégagées lors de cette compétition sont fédératrices et elles nous ont permis d'aller au bout de notre aventure même si - je l'ai dit et le répète -, il n'y a pas qu'un seul chemin qui conduit à la victoire. En Russie, l'équipe de France a affiché un visage conquérant, déterminé, combatif. Elle a fait preuve de panache, en inscrivant quatorze buts en sept matchs, dont onze à partir des huitièmes de finale.

**Quand on évoque les valeurs du foot, on pense aux joueurs, mais plus rarement à l'encadrement, au staff technique et aux bénévoles. Qu'en dites-vous ?**

**Didier Deschamps :** Les joueurs sont les acteurs principaux. Il est donc normal qu'ils soient davantage mis en avant. En fait, c'est un peu comme au théâtre ou au cinéma. Qui sont les stars ? Les acteurs, les comédiens. Il n'empêche que pour exprimer leur talent, ils ont besoin d'un bon scénariste ou d'un bon réalisateur, mais aussi d'un éclairagiste, d'une maquilleuse et d'un costumier. C'est pareil dans le foot. Un joueur, pour être au sommet de sa forme et exprimer pleinement son talent, a besoin d'être placé dans les meilleures conditions par le staff technique, le staff médical et tous ceux qui gèrent la logistique.

**Quel regard portez-vous sur le PEF et les nombreuses actions proposées dans les domaines de l'environnement, l'engagement citoyen, etc. ?**

**Didier Deschamps :** Le football est un formidable vecteur d'apprentissage pour les enfants et les adolescents. Les dirigeants de la FFF en sont parfaitement conscients. Le football ne peut pas résoudre tous les problèmes de la société mais sa contribution est forte et doit être mise en valeur. Des moyens ont

été mis en œuvre pour développer le « Programme éducatif fédéral » et les retours sont très bons. Les clubs jouent le jeu et font preuve d'imagination pour le faire vivre.

**Quelles sont les attitudes que vous détestez le plus sur un terrain ? Et en dehors ?**
**Didier Deschamps :** La suffisance. Le manque de respect. La critique non argumentée et qui vise seulement à faire le buzz, quitte à faire mal.

**Un mot pour tous les jeunes licenciés et les clubs amateurs de France qui font vivre les valeurs du foot au quotidien…**
**Didier Deschamps :** Un mot ? Bravo ! Après la Coupe du monde, j'ai dit que tous les Français étaient champions du monde. Je pensais notamment à tous les anonymes qui font vivre le foot dans les quartiers, dans les villages, là où parfois les moyens manquent et où il faut être sacrément passionné pour compenser. Je sais ce que je dois au foot et je sais où tout a commencé pour moi, c'est-à-dire dans un club de province, l'Aviron bayonnais. Même si nous traversons une période compliquée, restons passionnés, défendons notre sport avec conviction. Le football est une source d'émotions inégalable.

# LE MOT DE L'EXPERT

NOM : LIONNEL DUCLOZ
FONCTION : DIRECTEUR TECHNIQUE RÉGIONAL DE LA LIGUE DE FOOTBALL DES PAYS DE LA LOIRE

## REDORER L'IMAGE DU FOOTBALL

Tout est parti d'une série d'articles sur le foot et les joueurs qui contestaient les décisions des arbitres, mais aussi de la prestation vraiment pas glorieuse des Bleus lors de la Coupe du monde en Afrique du Sud et l'incident du bus. Le foot avait une mauvaise image, il fallait agir.

**LA PRATIQUE DU FOOTBALL NE SE LIMITE PAS AUX 90 MINUTES DU MATCH, IL Y A TOUT UN MONDE AUTOUR.**

## LE PEF PORTE LES VALEURS DU FOOT

Nous nous sommes donc attelés à rédiger les règles du jeu et de vie ainsi que les valeurs du foot, en partant de celles de la FFF : plaisir, respect, engagement, tolérance et solidarité.

Nous avons remis au centre des valeurs indispensables pour devenir un meilleur citoyen en devenant un meilleur footballeur : tu dois respecter tes adversaires comme les gens dans la vie en général, ne jamais discriminer un copain ou une copine pour sa couleur de peau ou ses choix amoureux, tu dois faire attention à ton environnement et à ta santé, etc. Il faut que tout le monde s'empare de ces valeurs, toi le premier ! Le PEF est un outil pour cela.

# CHAPITRE 3 – **CONNAÎTRE L'ORGANISATION DU CLUB**

Sur le terrain – US Val de Pesmes
Paroles de star – Vinsky
Le mot de l'experte – Brigitte Henriques

# SUR LE TERRAIN

CLUB : US VAL DE PESMES
LOCALISATION : HAUTE-SAÔNE, BOURGOGNE-FRANCHE-COMTÉ
OBJECTIF : LES JEUNES PRENNENT LE POUVOIR

## LE CONSEIL DES JEUNES

« Je me suis présenté au conseil des jeunes et j'ai été élu. Cela m'a appris à parler devant les adultes et à défendre mes idées », explique Manolis, 14 ans. Ce conseil a été imaginé par Vincent Damien, président-entraîneur de ce club familial. Ici, on préfère former des jeunes citoyens bien dans leurs baskets plutôt que des stars du foot.

## UNE JEUNESSE EXEMPLAIRE

Le club organise des collectes de jouets pour les Restos du cœur et des visites aux aînés à Noël, ainsi que des journées de ramassage de déchets dans le village. « On tape souvent sur la jeunesse mais elle est aussi exemplaire. Voilà pourquoi on a créé ce conseil des jeunes en 2017 », précise Vincent. Cette instance pour les jeunes et pilotée par les jeunes, se réunit chaque trimestre devant les dirigeants.

## DES PORTE-PAROLE ENGAGÉS

Ses représentants, entre 9 et 14 ans, sont élus par les jeunes et font remonter les idées, les points à améliorer et les projets à mener au sein du club : « On avait un copain qui subissait des moqueries, on a pu en parler et résoudre le problème. On voulait aussi plus d'entraînements mais il fallait du coup davantage de bénévoles. J'ai appris que tout n'est pas possible mais aussi que notre parole avait du poids quand on savait argumenter ! » détaille Manolis.

**« NOTRE PAROLE A DU POIDS »**

# PAROLES DE STAR

**Comment passe-t-on de youtubeur sur le foot à créer une vraie équipe de foot ?**

**Vinsky :** En 2010, j'ai créé un championnat virtuel de FIFA, puis j'ai lancé ma chaîne personnelle en 2012, avec des vidéos challenge et des reportages sur des clubs de Ligue 1. Elle a maintenant 1,2 million d'abonnés. En 2017, j'ai décidé de créer le Vinsky FC. J'ai découvert l'envers du décor d'un vrai club, son organisation, les terrains d'entraînement à trouver, comment remplir une feuille de match. Notre équipe évolue en D5 seniors dans les Yvelines. J'ai embarqué des amis d'enfance et des professionnels pour structurer le club. Mon ambition est d'en faire un club solidaire où l'on s'amuse, car le milieu du foot oublie parfois que c'est avant tout un jeu.

# VINCENT MADURO

Mieux connu sous le pseudonyme de Vinsky, Vincent Maduro est un youtubeur français spécialisé dans le foot. En 2012, il monte sa chaîne Youtube, qui compte 1,2 million d'abonnés en 2020. En 2017, il crée sa propre équipe de foot.

**Quelle différence percevez-vous entre les clubs pros et le vôtre ?**

**Vinsky :** Chez les pros, contrairement à ce que l'on pense, la communication passe toujours après le sportif. Moi, en tant qu'homme de communication, je l'ai intégrée directement dans le fonctionnement de mon club. En tant que manager, je me dois de faire rayonner mon club, la communication est dans l'ADN du club.

**Que ce soit dans vos vidéos ou dans vos commentaires, il n'y a jamais de clash ou de moqueries. C'est rare dans le milieu...**

**Vinsky :** Je suis dans la vie comme dans mes vidéos : toujours positif. Je n'aime pas l'humiliation. Je veux véhiculer des bonnes ondes et encourager les gens. Quand je recrute un joueur, la solidarité et le bon esprit sont plus importants que le niveau sportif. Il n'y a pas de joueur au-dessus des autres. Je voulais un club à mon image, où le plaisir et la solidarité passent avant le résultat.

LA FFF EST PIONNIÈRE DU EFOOT ET A ÉTÉ SACRÉE CHAMPIONNE DU MONDE EFOOT EN 2019

**Vous avez joué au foot avec Cristiano Ronaldo dans son jardin. Vous nous confirmez, il est bien humain ?**

**Vinsky :** Il est surhumain. C'était une journée promotion et il est d'un professionnalisme absolu, il surveille chaque détail et se donne à fond pour tout. C'est un ultra-compétiteur : même si tu fais un Shi Fu Mi, il voudra te battre. Si tu ajoutes le professionnalisme au talent et au travail constant, tu obtiens Ronaldo.

# LE MOT DE L'EXPERTE

NOM : BRIGITTE HENRIQUES
FONCTION : VICE-PRÉSIDENTE DE LA FFF

## FAIRE EN SORTE QUE LES CLUBS PUISSENT SE DEVELOPPER

Contrairement aux idées reçues, la FFF ne s'occupe pas que du football professionnel. Elle s'occupe des équipes de France, évidemment, mais aussi et surtout du développement du football amateur. C'est là d'où tous les joueur(se)s viennent. C'est la base de toutes les belles histoires, connues ou moins connues.

## 15 000 CLUBS DE FOOTBALL ET UN POINT COMMUN

En France, il y a 15 000 clubs de football. C'est énorme ! Et ils ont tous un point commun : ils veulent que leurs licencié(e)s puissent pratiquer le football dans les meilleures conditions possible. Cela demande beaucoup de personnes pour faire fonctionner les clubs. Ce sont les bénévoles, les dirigeants et les éducateurs. On ne les voit pas toujours, mais ils sont essentiels dans l'organisation du club. Leur passion commune, c'est le football. Ils sont tous attachés au jeu, mais aussi aux valeurs qu'il porte. Grâce à eux, le club est un lieu d'accueil, et de partage entre tous.

**UN CLUB, C'EST UN ENSEMBLE DE PERSONNES QUI ONT TOUTES ENVIE D'AIDER LE CLUB.**

**15 000**

**CLUBS SONT AFFILIÉS À LA FÉDÉRATION FRANÇAISE DE FOOTBALL. 5 500 CLUBS SONT ENGAGÉS DANS LE PROGRAMME ÉDUCATIF FÉDÉRAL.**

**Ton club, c'est comme une famille. C'est important de le connaître et de s'investir !**

# QUIZ

**Pour Guy Stéphan, qu'est-ce qui est le plus important ?**

A/ La victoire, peu importe comment !
B/ Ne jamais louper l'entraînement
C/ L'entraide

**Il y a 180 000 clubs sportifs en France.**

☐ Vrai ☐ Faux

**À quoi sert le PEF ?**

A/ À marquer le plus de buts possible
B/ À porter des valeurs fortes sur et en dehors du terrain
C/ À comprendre les règles du foot et particulièrement le hors-jeu

# ACTIVITÉ

Pour t'amuser et tester ta culture foot, demande à tes parents de jouer avec toi à un petit bac spécial foot !
La règle est simple. Définis quelques thèmes (comme : gardien, club de Ligue 1, équipement de foot, attaquant, action pendant un match, stade...). Choisis ensuite une lettre au hasard. Chacun doit écrire au moins un nom ou un mot commençant par cette lettre par thème.

***Exemple :***
On a choisi la lettre **B**.
Gardien : **Barthez**
Club de Ligue 1 : **Brest**
Équipement : **Ballon**
Attaquant : **Dario Benedetto**
Action : **But**
Stade : **Bernabeu**

# RÉSULTATS DES JEUX

**Tu trouveras ici les réponses aux questions posées dans les pages Jeux de ce livre !**
**À toi de découvrir si tu connais tout sur le foot !**

## PARTIE 1
## SANTÉ

*Durant l'entraînement, j'ai toujours à portée de main :*
**Réponse A :** Rien ne remplace l'eau. L'eau est indispensable pour ton corps.

*Le match est à 14H00 aujourd'hui, je peux sortir de table à 13H00 ?*
**Réponse Faux :** Il te faut une heure et demi pour digérer.

## PARTIE 2
## ENGAGEMENT CITOYEN

*Un copain subit des violences dans ton club, que fais-tu ?*
**Réponse C :** Les grands qui t'encadrent sont là pour t'aider.

*Je suis le capitaine de l'équipe donc c'est moi le chef !*
**Réponse Faux :** Un capitaine ne commande pas, il aide ses coéquipiers sur et en dehors du terrain.

## PARTIE 5
## FAIR-PLAY

*Je joue contre un adversaire plus faible donc je joue moins bien car sinon c'est trop facile !*
**Réponse Faux :** Respecter un adversaire c'est donner le meilleur de soi-même.

*Comment se prépare Matt Pokora avant ses concerts ?*
**Réponse 3 :** Matt Pokora est sérieux dans ses affaires. Il gère sa carrière de chanteur comme un sportif de haut niveau.

*Pour Guy Stéphan qu'est ce qui est le plus important ?*
**Réponse C :** C'est en se serrant les coudes que les français sont devenus champions du monde !

*Il y a 180 000 clubs sportifs en France.*
**Réponse Vrai :** Tu imagines le nombre de personnes pour encadrer tous ces clubs ?

*À quoi sert le PEF ?*
**Réponse B :** Il est ton appui pour vivre les valeurs du football : Plaisir, Respect, Engagement, Tolérance et Solidarité.

# LE PROGRAMME ÉDUCATIF FÉDÉRAL À LA DISPOSITION DE TOUS LES CLUBS

Faire de nos jeunes joueuses et joueurs des citoyens responsables est un objectif majeur de tous les clubs de football. Pour accompagner les dirigeants et les éducateurs dans les clubs, la FFF met à la disposition de tous des outils simples pour faire vivre ces valeurs :

**PLAISIR**
**RESPECT**
**ENGAGEMENT**
**TOLÉRANCE**
**SOLIDARITÉ**

Le **Programme Éducatif Fédéral** est l'élément central de ces valeurs. Il permet à tous les clubs d'avoir des outils pour sensibiliser les jeunes à des notions diverses qui gravitent autour des 6 thématiques présentées dans le livre.

Fiches pédagogiques pour des actions sur le terrain, fiches éducatives pour animer des discussions, le **Programme Educatif Fédéral** est à la disposition des clubs qui se l'approprient et vont encore plus loin pour que le club de football joue un rôle central dans l'éducation de nos jeunes, sur et en dehors du terrain.

**Alors ensemble, parents, joueurs et membres du club, soyons PRETS à relever le défi !**

PROGRAMME ÉDUCATIF FÉDÉRAL

PEF

# UN CHALLENGE POUR VALORISER LE PROGRAMME ÉDUCATIF FÉDÉRAL

La **Fédération française de football** souhaite valoriser les clubs qui mettent en place les actions éducatives dans le cadre de **Challenge National PEF**, ce qui est le cas de tous les clubs présents dans ce livre. Pour cela, le **Challenge National PEF** a été lancé durant la saison 2020/2021.

Ce challenge a pour objectif d'identifier les clubs les plus actifs et les valoriser, d'abord localement grâce aux **Districts** (au niveau du département), puis de la **Ligue** (au niveau de la Région) et enfin au **niveau national** grâce à la FFF.

**Comment cela se matérialise ?** Les clubs les plus engagés sont identifiés, et chaque année, un club par région est sélectionné pour venir passer un week-end dédié au **Programme Éducatif Fédéral** au Centre national du football de Clairefontaine, la maison des Bleus !!

Tu es dans un club qui met en place des actions éducatives ? Alors tu as peut-être une chance **de venir découvrir** Clairefontaine ! Parles-en à ton éducateur !

PROGRAMME ÉDUCATIF FÉDÉRAL

PEF

# LE PROGRAMME ÉDUCATIF FÉDÉRAL EXISTE AUSSI EN FORMAT DIGITAL AVEC LE QUIZ PEF LES INCOLLABLES®

Le Programme Éducatif Fédéral n'est pas réservé aux clubs et aux licenciés de la FFF, tu peux toi aussi le consulter et tester tes connaissances de manière digitale. Pour cela, la Fédération Française de Football s'est rapprochée des Incollables ® pour te proposer un quiz qui aborde les 6 grandes thématiques du Programme Educatif Fédéral que tu as pu découvrir tout au long du livre :

- LA SANTÉ
- LE FAIR-PLAY
- L'ENVIRONNEMENT
- LES RÈGLES DU JEU ET L'ARBITRAGE
- L'ENGAGEMENT CITOYEN
- LA CULTURE FOOT

N'attends pas une seconde et teste-toi sur ce quiz disponible via ton téléphone ou ta tablette en flashant le QR code !

SCAN ME